Tiger & Co.

Begegnungen mit Wildtieren in Indien, Nepal und Sri Lanka

Zweite überarbeitete Auflage

Paul Holzmayer

D1693435

Impressum

Copyright: © 2016 Paul Holzmayer
Druck und Verlag: epubli GmbH, Berlin
www.epubli.de
ISBN 978-3-7418-5850-5

Bilder

Hirschziegenantilope (S. 83) von Harsh Vardhan,
alle anderen Fotos von Paul Holzmayer

Inhaltsverzeichnis

Einblick

Ich saß auf der linken Seite der Howdah, meine Frau und unser Guide Nasiim auf der rechten Seite. Der Mahaut ritt im Genick der Elefantenkuh und folgte umsichtig den Panzernashörnern, die beim Äsen und Weiterziehen immer wieder Büsche zur Deckung zwischen sich und die beiden Elefanten brachten. Auf der linken Seite unseres Reittiers ging das Elefantenkalb, die nun schon fast zweijährige Tochter der Elefantenkuh, die sich vor Jahren mit einem wilden Elefantenbullen eingelassen hatte.

Die Kleine genoss den Ausflug, es war erst das zweite Mal, dass sie so weit hinaus in die Welt der Tiger und Nashörner mitgenommen wurde. So ganz sicher fühlte sie sich wohl nicht, denn während sie

mit den Büschen herumalberte, hielt sie sich doch immer dicht an der Seite ihrer Mutter. Eigentlich hätte der zweite große Elefant zum Schutz des Kalbes auch bei uns sein sollen. Doch waren wir vor einer halben Stunde bereits am Dschungelrand auf zwei Nashörner gestoßen, denen der andere Mahaut gefolgt war, während wir gleich in den Dschungel eindrangen. Unser Mahaut hatte dort drinnen ein Brechen gehört und wir stießen kurz darauf auf drei Nashörner, eine Kuh mit großem Kalb und einen mittelalten Bullen. Mir fiel auf, dass Nasiim sich schon einige Male umgedreht hatte und die Büsche hinter uns beobachtete, als ob er eine Bewegung wahrgenommen, ihren Verursacher aber noch nicht hatte erkennen können. Nun machte er das wieder, deutete mit dem Arm auf einen zurückliegenden Busch und da rief meine Frau auch schon "Tiger". Der Mahaut drehte unser Reittier sofort und nun sahen wir alle etwa vierzig Meter entfernt den dicken und etwas backenbärtigen Kopf und die Brust eines liegenden ausgewachsenen Tigers aus den Büschen herausschauen. Ein einmaliger Anblick für jemanden wie mich, der bislang von Tigern in der Wildnis nur träumen konnte. Das Seltsame war aber – das fiel nicht nur Nasiim, sondern auch mir auf – dass der Tiger seinen Blick nicht auf die Elefantenkuh und uns richtete, sondern das Elefantenkalb fixierte.

Nasiim flüsterte uns zu, dass der Tiger uns schon seit einer Viertelstunde gefolgt sei, doch hätte er ihn vorher nie eindeutig zu Gesicht bekommen. Er sei offensichtlich hinter dem Kalb her und warte nur darauf, dass dieses sich einmal von der Alten entferne. Auch der Mahaut wurde unruhig und bemühte sich sorgfältig, immer die Elefantenkuh zwischen Tiger und Kalb zu halten. Die Elefantenkuh witterte zum Tiger hin, wusste also, dass er da war, blieb aber völlig ruhig und gelassen. In den 65 Jahren, die sie angeblich bereits in diesem Dschungel lebte, hatte sie wahrscheinlich so viel gesehen und erlebt, dass ein einzelner Tiger sie trotz des anwesenden Kalbes nicht sonderlich aufregte. Wir zogen nun wieder vorsichtig hinter den Nashörnern her, wobei der Mahaut darauf achtete, dass sich das Kalb immer auf der dem Tiger abgewandten Seite der Kuh befand. Im Vergleich zu dem Nashornkalb war das Elefantenkalb viel jün ger und kleiner, außerdem nur durch eines statt durch zwei erwach sene Tiere geschützt.

Der Tiger folgte uns ständig, immer bemüht, das Kalb im Auge zu behalten, doch kam er nie näher als etwa vierzig Meter. Auch zeigte er sich nie frei, sondern nutzte die Büsche meisterhaft, um sich zu verbergen. Dies ging nun bereits eine weitere Viertelstunde so, während der ich einige Aufnahmen machte.

Schließlich standen wir so, dass meine Frau den Tiger auf ihrer Seite hatte; ich reichte ihr die Kamera, damit sie auch ein Bild von ihm machen konnte. Kaum hatte sie die Kamera in der Hand, als der Mahaut die Elefantenkuh nach rechts drehte und auf den Tiger zu trieb. Ihm passte die Verfolgung durch den Tiger nicht, er wollte ihn jetzt vertreiben, das Risiko für das Kalb schien ihm vermutlich zu hoch. Nun sah ich auf meiner Seite, an der auch das Kalb war, den Tiger direkt vor mir. Der Abstand war inzwischen nur noch etwa dreißig Meter, als der Tiger fauchend knurrte, aufsprang und in wenigen mächtigen Sätzen urplötzlich auf etwa zehn Meter heran war. Er sah riesig aus wie er so auf uns zu durch die Luft flog. Der Mahaut stand in seinen Fußschlaufen auf, erhob den Oberkörper, schwenkte den Ankus in der hocherhobenen rechten Hand und schrie den Tiger lauthals an. Dieser drehte blitzschnell ab als er wieder auf dem Boden aufsetzte und verschwand circa fünfzig Meter entfernt hinter einen Busch, wo man nur noch seinen Kopf sah, der auf uns gerichtet war.

Mir stockte für einen Moment der Atem, dann dachte ich daran, was für ein Bild das hätte werden können, wenn ich noch die Kamera in den Händen gehabt und sofort reagiert hätte. Nasiim sprach mit dem Mahaut. Daraufhin dolmetschte er uns was der Mahaut sagte, nämlich, dass die Elefantenkuh den Tiger angenommen hätte, wenn er seinen Angriff weitergeführt hätte. Obwohl die Elefantenkuh wie fast alle weiblichen Indischen Elefanten keine Stoßzähne hatte, kann doch der Rüssel eines ausgewachsenen Elefanten auch für einen Tiger eine gefährliche Waffe sein. Wie es uns dann aber bei diesem großen und offensichtlich selbstbewussten Tiger – und der doch eher kleinen Elefantenkuh - ergangen wäre, ist eine andere Frage. Möglicherweise wären wir bei diesem Gerangel von der Howdah geschleudert oder durch Äste abgestreift worden. Kein angenehmer Gedanke, wenn man einen wütenden Tiger vor sich hat! Was eben geschehen war, verstanden wir als eine Warnung des Tigers, ihm nicht wieder so nahe zu kommen. Dieser Teil des Dschungels war sein Territorium, und er dachte offensichtlich nicht daran, sich von hier vertreiben zu lassen.

Das dusselige Elefantenkälbchen an der Seite seiner Mutter schien von dem dramatischen Vorfall nichts mitbekommen zu haben, jedenfalls spielte es weiter Büsche rupfen als sei nichts geschehen. Auch die nun bereits wieder weiter entfernten Nashörner zeigten keine Reaktion.

Dieses Ereignis beim Elefantenausritt in Dudwa war ein erster Höhepunkt noch ziemlich zu Beginn unseres Indienaufenthaltes, dem noch viele weitere interessante Beobachtungen und Erlebnisse folgen sollten.

Es brauchte lange Zeit, bis ich diese beiden Reisen zur Jahrtausendwende machen konnte, um Nationalparks in Indien, Sri Lanka und Nepal zu besuchen. Tiere waren schon von klein auf meine Leidenschaft, und während der ersten Semester meines Hauptstudiums beschäftigte ich mich auch mit Zoologie. Doch verschlug es mich zunächst zur Jägerei. Dies war die praktisch beste Möglichkeit, dicht an Wildtiere zu kommen, um sie zu beobachten. Dass dann auch Hege- und Reduktionsabschüsse gemacht werden mussten, war für mich kein Widerspruch zur Tierliebe. Während dreier Jahrzehnte jagte ich zwar auch in der Heimat, vor allem aber reiste ich in alle fünf Kontinente, wobei mir das Sehen und Beobachten immer mehr bedeutete als das vereinzelte Schießen. Die Kamera war von Anfang an dabei. Mit der Zeit verdrängte die Tierfotografie das Jagen vollständig; vor allem bei diesen Reisen ging es mir darum, Tiere zu beobachten, sie und ihre Lebensräume im Bild festzuhalten und darüber zu berichten.

Zu den indischen Parks ist zu bemerken, dass sie fast alle einige Jahre nach der Unabhängigkeit Indiens aus ehemaligen Jagdgebieten der Maharadschas entstanden waren. Die hohen Herren pflegten dort vor der Unabhängigkeit in der Regel ein- oder zweimal jährlich in großem Stile zu jagen, wozu oft Offiziere und hohe Beamte der englischen Territorialherrschaft eingeladen waren. Danach wurde das Jagdgebiet bis zum nächsten Jahr in Ruhe gelassen. Die Landbevölkerung wurde zum Teil daran gehindert, in diese Gebiete einzudringen, feudalistisch und undemokratisch zwar, doch ein wahrer Segen für den Tierbestand. Durch die in Indien übliche intensive Besiedelung sind Wildtiere, wenn sie den Ackerbauern und Viehzüchtern in die Quere kommen, schnell aus ihren angestammten Gebieten verschwunden. In erster Linie dieser Umstand, aber auch die unkontrollierte Jagdausübung beziehungsweise nicht durchgesetzte Gesetzgebung waren Ursache eines rapiden Rückgangs der naturbelassenen Flächen und ihrer Tierpopulationen. Erst 1970 griff zum Beispiel das Verbot der Tigerjagd; die zerstörerische Nutzung der Wälder durch die eindringende Landbevölkerung konnte seither jedoch kaum gestoppt werden.

In Sri Lanka war dies nicht viel anders. Das Land erlangte zur selben Zeit wie Indien seine Selbstständigkeit und änderte seinen alten Namen von Ceylon in den neuen. In Nepal erfolgte die offizielle Parkgründung des Royal Chitwan erst 1973, nachdem dieses Gebiet bereits 1962 zum Wildlife Sanctuary erklärt wurde.

Sechs der wichtigsten Tiger Reserves und Nationalparks in Indien, von Dudwa an der nepalesischen Grenze bis Periyar, etwa 2.500 Kilometer südlicher, fast an der Südspitze Indiens, habe ich 1999 bereist. Meine Frau reiste mit mir, und sie war es, die darauf drängte, bei den von uns anzulaufenden Verkehrsknotenpunkten mindestens einen Tag einzulegen, um kulturelle und bauliche Sehenswürdigkeiten zu besichtigen.

Auf der zweiten Reise ein Jahr später konnte meine Frau mich nicht begleiten; hierbei besuchte ich Sri Lanka, einen weiteren indischen Park und Nepal.

Sri Lanka zeichnet sich durch folgende Besonderheiten aus:
Es ist, noch viel mehr als Südindien, das Land des Regenwaldes
und der Elefanten. Da der Tiger Südindien erst besiedelt hat, als
sich die Landmasse Sri Lankas von Indien schon gelöst hatte, kam
der Tiger nie auf diese Insel. Der Panther war aber schon da, das
heißt er ist hier das stärkste Raubtier und, wie übrigens auch Lippenbären, häufiger zu sehen als in Indien oder Nepal, da beide den
übergeordneten Regulator Tiger nicht zu fürchten haben. Der Wil-
pattu-Nationalpark ist zwar ein großer und schöner Park in Sri Lanka, jedoch durch die Kämpfe der rebellierenden „Tamilen-Tiger"
gegen die Regierung nicht mehr zugänglich. Erst 2010 wurde er
wieder eröffnet, nachdem 2009 der Bürgerkrieg seitens der Regierung endgültig gewonnen wurde. Der südöstlich gelegene Yala-
Park ist aber ebenso interessant und wurde von mir besucht. Außerdem verfügt er über eine größere Population von Elefanten und Arni (wilde Wasserbüffel) als der Wilpattu.
Der Royal Chitwan als bedeutendster Park in Nepal enthält alle die
von mir in Indien beobachteten größeren Tierarten, vor allem aber
die zweitgrößte Population des Panzernashorns, von dem sich der
größte Bestand im indischen Kaziranga-Nationalpark in Assam befindet.

Im Februar und März 2000 besuchte ich den Yala, flog von dort
wieder circa 2.500 Kilometer nordwestlich in die Tiger Reserve Sariska nach Radjasthan/Indien, danach nochmals ungefähr 500 Kilometer nordöstlich nach Nepal, um in den Chitwan zu kommen.
Auch auf dieser Reise habe ich die hierbei berührten Verkehrskno-
tenpunkte, die drei sehenswerten Städte Colombo, Jaipur und Kathmandu, besichtigt.
Diese insgesamt neun Parks vermitteln einen repräsentativen Überblick über die Wildtier-Situation der Jahrtausendwende im subindi-

schen Kontinent, wo nötig mit weiterführendem Stand bis 2012.

Im vorletzten Kapitel erzähle ich über die in den vorangegangenen Kapiteln nicht angetroffenen interessanten Säugetiere (wie zum Beispiel asiatische Löwen und Wildesel) in einigen anderen abseits liegenden Parks.

Im Ausblick gehe ich auf die Problematik des Erhalts dieser Naturschätze ein, so wie sie sich heute in den Parks des Subindischen Kontinents sowie in weltweiter Verknüpfung darstellt.

Ich folge einer alten Sitte, wenn ich die in Asien lebenden Leoparden als Panther bezeichne. Der Begriff Panther ist nicht für den „Schwarzen Panther" reserviert. Melanismus kommt sowohl bei afrikanischen Leoparden als auch bei asiatischen Panthern vor. Zum Beispiel hat man schwarze Leoparden in Äthiopien angetroffen. Im südlichen Indien sind schwarze Panther ziemlich häufig. Es ist aber klar, dass es sich immer um die gleiche Art, nämlich den Leoparden handelt.

Dies und andere Benennungen der Wildtiere sind aus dem beigefügten Anhang als Übersicht der typischen Arten ersichtlich, wobei neben dem wissenschaftlichen Namen auch der deutsche, englische und regionale Namen (meist in Hindi, oder in der betreffenden regionalen Sprache, falls dieser Name üblich ist) angegeben sind.

Außerdem wurden viele Stellen aus indischer und englischer Literatur zitiert, die meine Erlebnisse und Eindrücke aus der Sicht anderer Beobachter beleuchten. Zum Teil stammen sie aus weiter zurückliegenden Jahrzehnten, in denen der Subindische Kontinent sehr viel wildreicher war als heute, wo derartige Beobachtungen kaum oder nicht mehr möglich sind.

Eine Veröffentlichung dieser Erlebnisberichte konnte erst 2012 erfolgen. Relevante Veränderungen und Bestandszahlen wurden in der zweiten Auflage aktualisiert; dadurch kann man zusätzlich noch die Entwicklung der letzten Jahre überblicken.

Dschungelleben im indischen Terai

Dudwa / Nordindien

Nach Ankunft am 1. Februar in Delhi verbrachten wir dort einen Tag, um eine kleinere Stadtbesichtigung zu machen und den Zoo zu besuchen. Dies diente dazu, diejenigen Tiere, die wir später in der Wildnis aufzufinden hofften, hier aus der Nähe schon genau kennen zu lernen und in Ruhe betrachten zu können. Es ist dies ein interessanter und lohnender Beginn eines naturkundlich orientierten Aufenthaltes, den man sehr empfehlen kann. Indische Panzernashörner, weiße Tiger, Fischkatzen, Nilgai- und Hirschziegen-Antilopen, Indische Gazellen und Sumpfhirsche, nur um ein paar Beispiele zu nennen, wird man so leicht in außerindischen Zoos nicht finden.

Vom Zoo zurück in unser Hotel gingen wir zu Fuß, um uns mit der indischen städtischen Lebensweise mit ihrem Verkehrslärm und Unrat der Seitenstraßen vertraut zu machen und den ersten Kulturschock aufzufangen. Indien ist eine eigene Welt und fast alles, was für den westlichen Reisenden von Bedeutung ist, ist anders als bei uns im Westen. Hierauf versuchten wir uns möglichst schnell einzustellen, schließlich hatten wir uns mit etlichen klugen Büchern auf dieses Abenteuer vorbereitet. Das Verhalten gegenüber Bettlern, die nackte Not, die einem oft begegnet, die Anpassung an das zunächst schwer verständliche Indische Englisch, die stark gewürzten Speisen, sind allerdings Probleme (ganz abgesehen von der religiös-sozialen Struktur des Landes mit den Dalits, den Kastenlosen), die man nicht in ein paar Tagen bewältigen kann.

Diese Anpassung begann nun also erst für uns, doch ging es am nächsten Morgen bereits mit dem Shatabdi-Express via Kanpur nach Lucknow. Abgesehen von dem Palace on Wheels als teures Vergnügen für betuchte Touristen, ist der Shatabdi-Express wohl einer der besten, schnellsten und teuersten Züge Indiens. Das Essen ist inklusive, denn auch dieser Zug braucht lange, hat er doch eine Durchschnittsgeschwindigkeit von nicht über 80 km pro Stunde. Außerdem scheint er der Einzige zu sein, der ohne erhebliche Verspätungen ankommt. Von Lucknow ging es dann mit dem PKW und dazugehörigem Fahrer weiter.

Ohne Fahrer kann man in den meisten Fällen kein Auto mieten, und wenn man könnte, wäre es allein schon aus sprachlichen Gründen äußerst unklug, selbst zu fahren. Nicht nur, dass in Indien ein unbeschreiblich chaotischer, sondern auch äußerst dichter Verkehr herrscht, er wickelt sich auch nach völlig eigenen, indischen Gesetzen ab. Auf den einfachsten Nenner gebracht: Wenn keine Polizei da ist, hat immer der Stärkere Wegerecht. Landstraßen sind meist nur in der Mitte asphaltiert, zu beiden Seiten gibt es einen unbefestigten, mit Löchern übersäten Straßenrand. Jeder fährt in der Mitte, keiner will ausweichen. Man fährt hupend und ungebremst aufeinander zu, um möglichst den anderen auf den Straßenrand zu drängen. Die schwächeren Verkehrsteilnehmer weichen dann im letzten Moment aus, Lastwagen und Busse kaum. Man fährt in der Regel mit fast unverminderter Geschwindigkeit aneinander vorbei. Als Ergebnis derjenigen Fälle, in denen dieses Manöver nicht klappte, sah man grässlich zerfetzte rostende Wrackteile am Straßenrand. Sind Menschen oder Tiere auf der Fahrbahn, welche die Straße trotz Hupens nicht rechtzeitig räumen, wird notfalls scharf abgebremst. Dies geschieht auch bei dem kleinsten Küken; der Fahrer möchte weder den Zorn der Anwohner auf sich ziehen, noch durch das Töten eines lebendigen Wesens schuldig werden. Letzteres könnte bei einem Hindu dazu führen, dass er bei der nächsten Wiedergeburt bestraft wird. Die heiligen Kühe, die in Ortschaften besonders oft die Straße blockieren, werden hierbei aber mit dem Wagen schon mal etwas unsanft beiseitegeschoben.

Nach siebeneinhalb Stunden statt der angekündigten fünf erreichten wir bereits bei Dunkelheit den Parkeingang Dudwa. Wir wurden aufgehalten durch die vielen Ochsenkarren, Traktoren und Lastwagen, die für die Zuckerrohr-Ernte eingesetzt waren.

Die Anmeldeprozedur in Dudwa war infolge Fehlens eines englisch sprechenden Mitarbeiters der Forstverwaltung recht kompliziert und dauerte lange. Dadurch kamen wir jedoch in Kontakt mit dem Kamerateam der BBC, das im Rahmen eines Tierfilms auch in dem kleinen Museumsraum nebenan Aufnahmen machte. Von diesen beiden Engländern erhielten wir die Empfehlung, uns des Guides Nasiim zu bedienen, der hier nicht nur der beste Kenner der Tierwelt sei, sondern auch der Einzige, der Englisch spreche. Als ich fragte, wo sie denn untergebracht seien, nannten sie den Tiger Haven. Dort wollte ich ursprünglich auch hin, um hierbei vielleicht den Inhaber, den indischen Autor und Naturschützer Billy Arjan Singh zu treffen. Ich erhielt aber damals eine Absage mit der Begründung, B.A. Singh sei krank und der Tiger Haven nehme im Moment keine Gäste auf. Die Kameraleute sagten mir nun, dass es Singh wieder recht gut gehe. Man habe gestern eine Szene mit ihm gedreht, wo er auch eine Aussage zum Stande des Natur- und insbesondere Tigerschutzes in Indien gemacht habe. Er sei zwar schon 83 Jahre alt, aber immer noch aktiv.

Bevor wir todmüde auf die harte Pritsche in dem kleinen und primitiven Zimmerchen der Forstverwaltung sanken, informierten wir uns über mögliche Aktivitäten und buchten sofort einen Elefantenausritt für den nächsten Tag.

Ich konnte lange nicht einschlafen – meine Gedanken kreisten um

Billy Arjan Singh. So erinnerte ich mich an seine sehr prägnante Darstellung über den Ursprung des Tigers und seinen Bestand (Zitat A1):

„Die Herkunftsregion des Tigers wurde zunächst den Chigar-Höhlen in Nordsibirien zugeschrieben, doch nun glaubt man aufgrund wissenschaftlicher Erkenntnis, dass es sich um Südchina handelt. Von dort aus zog er, bedingt durch die Eiszeiten, Bestandswachstum und auf der Suche nach neuer Beute, südlich und südwestlich in Richtung Indochina, Sumatra, Bali, Java, Indien, Burma und das kaspische Festland. Von seiner ursprünglichen Population ... hat eine ständige Bestandsveränderung infolge des direkten Wettbewerbs mit dem Menschen stattgefunden."

Da der Tiger, so ging es mir durch den Kopf, aus dem kälteren Norden stammt, dann könnte ja auch zutreffen, was einige Autoren sagen: Der Tiger ist immer noch nicht ganz an die extrem heißen Gebiete seiner neuen Heimat angepasst, weshalb er dort unter der Hitze mehr leidet als andere, schon historisch vorkommende (autochthone) Arten. Aus diesem Grunde verbringt er, wo immer möglich, die besonders heißen Tage im schattigen Wasser.

Schließlich forderte die Müdigkeit ihr Recht, und plötzlich läutete der Wecker, es war schon halb sechs Uhr morgens.

Wir starteten Punkt sieben Uhr allein auf dem Elefanten mit unserem Mahaut. Erst als wir ein Weilchen auf der bequemen Howdah saßen, merkten wir, wie kalt es doch anfangs Februar im Dschungel war.

Der Begriff Dschungel ist so zu verstehen: In Sanskrit steht „jangala" für wilden, unbebauten Boden; in Hindi heißt alles was waldähnlich ist „jangal". Mit Dschungel ist also einfach Wald gemeint, nicht nur der feuchte tropische Urwald den wir in der westlichen Welt meist mit diesem Ausdruck verknüpfen.

Beim Durchqueren des relativ dichten Dschungels sahen wir ein Rudel weiblicher Axishirsche mit Jungtieren, die dicht vor dem Elefanten den Waldweg passierten. Dieser Waldgürtel, wie auch

der gesamte Dschungel des nunmehr nach Einfügung zusätzlicher Flächen über 800 Quadratkilometer großen Parks von Dudwa, ist vor allem durch die vielen Salbäume geprägt.

Über der Sumpf- und Wasserzone, die von einem breiten mit hohem Elefantengras bestandenen Riedgürtel umgeben ist, lag kalter Morgennebel.
Diese offenen Zonen gehen nahtlos in die Terai-Landschaft Nepals über, von dem Dudwa nur etwa fünfundzwanzig Kilometer entfernt ist. Auf dem weichen Pfad am Rande des Rieds sah man verschiedene Trittsiegel von Tieren; unser Mahaut, der leider überhaupt kein Englisch sprach, machte uns auf einige frische Tiger-Trittsiegel aufmerksam, die aus der vergangenen Nacht stammten,

da sie sich innerhalb des Fußabdrucks seines Elefanten befanden, auf dem er auch am Vortage hier entlanggeritten war. Erst später lernte ich zu unterscheiden, dass es sich dabei um das Trittsiegel einer Tigerin gehandelt hatte. Die Abdrücke einer Tigerin sind bei der Hinterpfote im Vergleich zu denen eines männlichen Tigers bei den vorderen Zehenballen nicht so rundlich, sondern erscheinen spitzer, weil die Zehenspitzen etwas schmaler sind als beim Männchen. Die übrigen Merkmale wie Größe des Abdrucks (beim Tiger erheblich größer als bei der gleichalten Tigerin) und Tiefe des Eindrucks (Körpergewicht) bedürfen eines sehr geschulten Auges und genauer Beachtung der Bodenverhältnisse, um zu den richtigen Schlussfolgerungen zu gelangen.

Etwas später sah der Mahaut eine Schlange in der Uferzone, aber das „Stöbern" mit dem Elefanten brachte sie für uns nicht in Anblick, wahrscheinlich handelte es sich um einen jungen Python. Nach abermaligem Durchqueren eines anderen Waldabschnittes trafen wir wieder auf eine größere freie Wasser- und Riedfläche, die auch Wiesenflächen neben den verbliebenen Wassertümpeln aufwies. Während des Monsuns standen diese Wiesen innerhalb des Riedgürtels ebenfalls unter Wasser. Es gab viele Vögel, von denen die Sunda-Marabus besonders augenfällig waren. Mit ihrer Flügelspannweite von circa 3,20 m sahen sie im Fluge riesig aus. Nach meinem Wissen besitzen sie die größte Spannweite eines Landvogels, auch größer als die des Kondors, nur übertroffen durch die Flügelspannweite eines Seevogels, des Wanderalbatros.

Eine Rotte von Wildschweinen machte sich auf einer Wiese zu schaffen, verschwand aber alsbald auf einem tunnelartigen Wildwechsel im hohen Riedgras, als wir uns mit dem Elefanten näherten.

Von da ab traten wir durch den Wald wieder unseren Rückweg an. Es war immer noch ausgesprochen kalt. Selbst das gegenseitige

Aufwärmen, indem meine Frau und ich unsere Rücken gegeneinander lehnten, brachte kaum Erleichterung.

Obwohl wir schon gegen neun Uhr wieder zurück waren, hatte ich mich ordentlich erkältet. Meine Frau war klüger als ich gewesen und hatte sich warm angezogen. Ich hielt das leider nicht für nötig, was ein gravierender Fehler war, denn diese Erkältung sollte mir noch viel zu schaffen machen.

In der Mittagszeit bestieg ich einen Hochstand in der Nähe unserer Unterkunft, um die Gegend mit dem Fernglas genau zu betrachten. Ich sah einige der imposanten Sunda-Marabus im Fluge. Als ich heruntergestiegen war, machte ich eine kleine Runde durch das Camp. In der Nähe der Elefantenställe wurde ich von ein paar Jungen, deren Eltern als Bedienstete der Forstverwaltung hier lebten, angesprochen: Ich solle schnell kommen, wenn ich einen Python sehen wolle. Ich spurtete in unser Zimmer und holte meine Kamera.

Im Busch am Camprand, nur etwa fünfzehn Meter entfernt von dem nächsten Elefanten-Unterstand, lag dann auch wirklich ein etwa 2,5 m langer Tigerpython eingerollt und döste in der Sonne. Er dachte gar nicht daran sich davonzumachen. Ich ging so dicht wie möglich heran ohne die Schlange zu beunruhigen und machte ein paar Aufnahmen. Nachher konnte auch meine Frau, die nicht im Zimmer war, als ich die Kamera holte, noch das Schauspiel genießen; der Tigerpython hatte seinen Sonnenplatz nicht geräumt.

Für den Nachmittag hatten wir uns mit dem empfohlenen Nasiim verabredet, um mit dem Jeep der Forstverwaltung in das abgelegene Saluka-Camp zu fahren, in dessen Nähe die indischen Panzernashörner in einem Riesengatter lebten. In dieser Gegend befand sich der Parkteil, der den Anforderungen der Nashörner an ihren Lebensraum bestens entsprach: ein mit Elefantengras bestandenes Feuchtgebiet, das an den Dschungel grenzte. Dort lebten die Panzernashörner bereits seit alters her, bevor man das letzte in dieser Gegend 1878 ausrottete. In 1984 brachte man zunächst zwei Bullen und drei Kühe von Assam hierher. Ihnen folgten nochmals vier Kühe vom Royal Chitwan Nationalpark in Nepal. Trotz einiger Verluste hat sich der Bestand nun auf 17 Tiere erhöht (Stand 1999), 2012 waren es bereits 28.

Vielleicht ist es angebracht, hier einmal einen Altmeister in der Beschreibung der indischen Wildtiere, nämlich E.P. Gee, zu Wort kommen zu lassen, der einen kurzen vergleichenden Überblick über alle Nashörner gibt (Zitat E4):

„Hinsichtlich der Größe ist das afrikanische Breitmaulnashorn zuerst zu nennen. Dann kommt das indische Panzernashorn und danach das afrikanische Spitzmaulnashorn. [Die beiden afrikanischen Arten haben je zwei Hörner, das Panzernashorn nur eines.] Als nächstes folgt das Javanashorn [hat nur ein kleines Horn], und das kleinste von allen ist das Sumatranashorn. Es ist interessant zu vermerken, dass im Falle der beiden 'grasenden' Arten, dem Breitmaulnashorn und dem Panzernashorn, wenn die Mutter und das Kalb sich fortbewegen, das Kalb vorne geht, während die Mutter dahinter folgt – vermutlich als Vorsichtsmaßnahme gegen einen pirschenden Löwen (in Afrika) oder einen Tiger (in Indien) im Grasland. Diese Vorsichtsmaßnahme ist nicht so nötig im Falle der 'laub- und zweigfressenden' Nashörner im Buschwerk der Wälder. Alle drei asiatischen Arten waren einst in Indien zu finden. Das kleinere Javanashorn war einst 'recht häufig' in Bengalen, speziell in den Sundarbans, starb um 1900 in Indien aber aus. Das zweihörnige Sumatranashorn lebte noch in den Mizo- (früher Lushai-) Bergen von Assam bis gegen 1935, als es [in Indien] ausgerottet wurde. Obwohl dieses Nashorn zwei Hörner hat, ist das vordere Horn klein, während das hintere oft völlig unbedeutend ist."

Gegen zwei Uhr fuhren wir mit Nasiim los. Auf dem Waldweg bemerkten wir die sehr gut ausgeprägten Trittsiegel eines Lippenbären. An einem großen See nebenbei sahen wir Tausende der unterschiedlichsten Wasservögel. Ein interessierter Ornithologe hätte sich hier tagelang aufhalten können. Wir aber wollten nun zum Camp. Dort sahen wir auch die bereits erwähnte Elefantenkuh mit ihrem Kalb zum ersten Mal.

Diese Elefantenkuh war sicherlich schon sehr alt. Ihr Alter sollte angeblich fünfundsechzig Jahre betragen, was von einem wilden Elefanten nur selten erreicht werden dürfte. Sie brauchte auch länger als jüngere Tiere, die ihr vorgelegten Zweige zu fressen; sie kaute sicherlich auf ihrem sechsten und damit letzten Paar Backenzähnen. Wie uns außerdem gesagt wurde, hatte sie nie genug Milch

für ihr Kalb gehabt. Nur Milch-Zufütterungen und Ammendienste anderer Elefantenkühe hatten dem Kleinen das Überleben ermöglicht. Danach fuhren wir mit dem Jeep durch das Nashorn-Gatter. Zum Schutze der Nashörner war es nicht nur nötig sie einzugattern, sondern auch, sie rund um die Uhr zu bewachen, das heißt, das Gelände muss patrouilliert werden. Wir fuhren durch diesen Biotop und machten eine kleine Exkursion zu Fuß unter Nasiims Anleitung. Wir sahen viele Trittsiegel, Fährten und einen Haufen frischer Losung, jedoch kein Nashorn. Wir bekamen lediglich Axishirsche zu Gesicht, die zusammen mit einer Horde Hanuman-Languren (Hulmans) durch den hier etwas offenen Busch zogen. Beide dieser unterschiedlichen Tierarten sind erstaunlich gut aufeinander eingespielt: Beim Ernten der Baumfrüchte und Blüten lassen die Affen viel fallen, was sofort von den Hirschen aufgenommen wird. Wo sich die Hirsche aufhalten, laufen auch die Hulmans ungeniert über den Waldboden und auf die nächsten Bäume. Die Hirsche sichern dauernd in das Unterholz, da sie ebenso wie die Languren Beutetiere von Tiger, Panther und Rothunden sind. Die Hanumans kontrollieren von oben das Gelände und entdecken einen sich nähernden Feind in der Regel schon aus größerem Abstand. Wer den Feind entdeckt, warnt die übrige Gesellschaft. Diese Art von Lebensgemeinschaft sahen wir an allen Orten, wo es Axishirsche und Hanuman-Languren gab.

Später entdeckten wir noch eine große Horde Rhesusaffen, die im Vergleich zu den vornehmeren und ruhigeren Hulmans eher den Eindruck lautstarker und lebhafter Lausbuben hinterließen.

Früh am nächsten Morgen kletterten wir nochmals auf denselben Elefanten und schaukelten in den Dschungel. Über der Sumpf- und Wasserzone lag wiederum der kalte Morgennebel. Leider schlug der Mahaut fast denselben Weg ein wie am Vortag und auch diesmal sahen wir außer Axis kein Wild. Deshalb veranlasste ich ihn an dem Wasserloch, wo wir am Vortag die Sunda-Marabus gesehen hatten, noch etwas zu warten. Vielleicht, so hofften wir, kommen einige Tiere, um zu trinken. Dieser Fall trat jedoch nicht ein, obwohl wir einige Störche sahen, einen Braunen Fischuhu und drei Arten von Eisvögeln, zwei davon auch beim Fischen. Den kleinsten davon, den „kleinen blauen fliegenden Edelstein", den wir auch bei uns in Westeuropa haben, bemerkten wir sofort, wie er als kleiner Juwel im hohen Riedgras saß.

Über unseren Mahaut haben wir uns anschließend ziemlich geärgert und ließen ihn das auch wissen: schon gestern drosch er mehrmals mit der flachen Seite des eisernen Ankus auf den Kopf des Elefanten ein, weil der nicht schnell genug seinem Befehl folgte. Heute jedoch verlor der Mahaut vollends die Beherrschung und schlug unserem Reittier das spitze Ende des Ankus mit voller Gewalt von oben in den Schädel, so dass der Stahl circa acht Zentimeter tief eindrang. Dies quittierte der Elefant mit einem schmerzhaften dumpfen Aufstöhnen. Verletzt werden konnte das Tier dadurch zwar nicht, weil die Oberseite des Elefantenschädels ja nur aus mit Luft gefüllten Knochen-Kammern besteht und das Gehirn tief darunter sitzt. Aber natürlich schmerzte es und die verletzte Haut blutete. Es ist verwunderlich, dass sich die zahmen Elefanten eine solche Behandlung gefallen lassen. Es ist wohl darauf zurückzuführen, dass man ihnen in der ersten Phase ihrer Abrichtung, in der sie angekettet sind, den Willen bricht, das heißt sie zwingt, sich dem Willen des Mahauts bedingungslos unterzuordnen. Aber auch mit der manchmal so hoch gelobten Intelligenz und Gedächtnisleistung des Dickhäuters ist es nicht so weit her: diesbezüglich steht der Elefant nach heute herrschender Meinung unter dem Hund, wenn auch über anderen Haustieren.

Hinsichtlich des wabenförmigen Aufbaus des Elefantenschädels – etwas Ähnliches macht der Mensch beim Flugzeugbau, wo leichte Bauelemente ein schweres Gewicht, beim Elefanten die Stoßzähne und den großen Kopf, auffangen – fällt mir eine kleine Episode aus dem Sambesi-Tal in Simbabwe ein: Dort war ich mit meinem Guide unterwegs, als wir dicht an Elefanten kamen. Als sie von uns Wind bekamen, nahmen sie Reißaus. Ich fragte meinen Führer, was er denn mache, wenn ein Elefant in so einer Situation angriffe. Er meinte, meistens seien es ja Scheinangriffe, aber im Ernstfalle würde er dem Tier oberhalb des Gehirns in die Stirn schießen. Das Vollmantel-Geschoss liefe durch und verursache keine Verletzung. Hierbei gäbe aber das Geschoss einen großen Teil seiner Energie ab, das heißt es versetze dem Elefanten einen harten Schlag, der ihn von einem weiteren Angriff in aller Regel abbringe.

Wenn es auch etliche Unterschiede in der Anatomie der afrikanischen und indischen Elefanten gibt, so ist doch die Schädelkonstruktion prinzipiell gleich und an der Kopfwölbung mit ihren Luft gefüllten Kammern im Schädelknochen weitgehend unempfindlich, was sich die indischen Mahauts schon seit alters her zunutze machen. Schon seit etwa fünftausend Jahren wird der asiatische Elefant vom Menschen genutzt und ist in seine Kultur einbezogen. Was die Behandlung der Elefanten durch die Mahauts angeht, so haben wir, abgesehen von oben geschilderter Ausnahme, eigentlich immer festgestellt, dass sie fair und verständnisvoll mit ihren Tieren umgingen.

Bevor wir wieder im Camp anlangten, sahen wir noch einen „Krallenbaum" des Tigers, wo nicht nur alte, sondern auch ganz frische Krallenspuren deutlich zu sehen waren. Die oberen Risse befanden sich mindestens auf einer Höhe von zweieinhalb Metern. Bei diesen Gelegenheiten werden die Krallen gereinigt und geschärft, vor allem in Weichholz oder Rinde; das machen ja alle Katzenarten, auch unsere Stubentiger.

Am Spätnachmittag hatten wir wieder eine Verabredung mit Nasiim. Diesmal sollte es zu Fuß durch den Dschungel gehen. Größtenteils gingen wir diejenigen Pfade, die wir mit dem Elefanten geritten waren. Wir sahen ein Rudel Axishirsche, die unter Bäumen standen, auf denen Hanuman-Languren Futter suchten. Schließlich kamen wir auch an die Stelle, wo ich am Vortage die frischen Tiger-Trittsiegel gesehen hatte. Ich machte Nasiim darauf aufmerksam, zumal zu dieser Zeit – 17 Uhr war nun vorbei – die Tiger nach ihrer Siesta wieder unterwegs waren. Nun, wir bewegten uns nicht lautlos, ein Tiger würde uns schon von weitem hören und uns ausweichen. Außerdem mussten wir um sechs Uhr abends wieder zurück sein, also ging es weiter und kurz nach sechs waren wir wieder im Camp.

In allen besuchten Parks trafen wir übrigens nur mit Stöcken „be-

waffnete" Arbeiter der Forstverwaltung an, die zu Fuß, aber immer
in Gruppen von mindestens zwei oder drei Leuten, auf Wegen oder
Pfaden umhergingen, um ihrer Arbeit nachzugehen beziehungsweise Kontrollgänge durchzuführen. Natürlich mussten sie immer Augen und Ohren offen halten, denn sie dürfen sich nicht an eines der
wehrhaften Tiere zu sehr annähern, sondern müssen rechtzeitig
ausweichen beziehungsweise Abstand halten. Auf Elefanten, Büffel
und Lippenbären ist dabei noch mehr zu achten als auf Tiger oder
Nashörner. Das sind aber mit der Natur bestens vertraute Einheimische, während Touristen, wenn überhaupt, nur mit einem Guide gehen dürfen.

Statt nochmals mit dem Elefanten die gleiche Strecke abzureiten,
schlossen wir uns Nasiim und einer indischen Familie an, die mit
eigenem Jeep da war. Wir fuhren bereits um sieben Uhr los in das
bereits erwähnte Saluka-Camp, um zu den Nashörnern zu gelangen.
Am Wegrand stand eine Sambar-Kuh, die uns gelassen beobachtete
und dann langsam im Unterholz der Salbäume verschwand. Kurz
vor dem Camp, im Rohr vor einer großen Feuchtwiese, sahen wir
eine Katze, die ihrem Namen alle Ehre machte: eine Rohrkatze. Sie
sicherte zu uns her, konnte trotz des noch vorhandenen Morgenne-
bels und dunklen Lichtes etwas beobachtet werden und verschwand
dann im Ried.

Im Camp stiegen meine Frau, Nasiim und ich auf die schon bekannte alte Elefantenkuh, mit der das Kalb mitlaufen durfte. Die indische Familie, Eltern mit kleiner Tochter, saßen auf einem neunzehnjährigen Bullen, der unsere Elefantenkuh begleiten sollte. Zusammen zogen die beiden Elefanten mit ihrer „Besatzung" in das
Nashorngatter auf einer Art Feldweg, den wir gestern auch schon
mit dem Jeep entlang gefahren waren, und der das große Feuchtge-

biet mit dem hohen Elefantengras von dem etwas ansteigenden Terrain, das bewaldet war, trennte. Es dauerte keine fünf Minuten, da sahen wir zwei Panzernashörner vor uns im Gras. Sie hatten uns wahrscheinlich sowohl gehört als auch Wind bekommen, traten unschlüssig auf dem Weg herum und zogen dann von uns weg in den Dschungel.

Der Mahaut mit dem Bullen und der indischen Familie folgte ihnen, unser Mahaut schlug eine andere Richtung in den Dschungel ein, weil er aufgrund der Geräusche dort andere Nashörner vermutete. Die folgenden Szenen dieses Elefantenrittes habe ich im Kapitel „Einblick" bereits beschrieben.

Nach dem Tigerangriff folgten wir den Nashörnern nicht weiter, sondern schlugen den Weg zurück ein. Dabei gingen wir nochmals in einer Art Halbkreis um den Tiger herum, der uns aus der ursprünglichen Entfernung von circa vierzig Metern weiterhin genau beobachtete. Das Elefantenkalb befand sich auf der von ihm abgewandten Seite. Nach etlichen Minuten verloren wir den Tiger aus den Augen, da er uns jetzt nicht mehr folgte. Wir kamen nach einiger Zeit aus dem Dschungel heraus und drangen in das Ried und Elefantengras ein. Das Kalb lief jetzt hinter seiner Mutter, die Bahn nutzend, welche diese gebrochen hatte. In den dazwischen liegenden Wasserstellen, welche die Alte noch durchwaten konnte, musste die Kleine teilweise schwimmen. Wir gelangten nunmehr in eine etwas trockenere Riedfläche, die frisch abgebrannt war. Dieses kontrollierte Abbrennen trockener Riedstücke wird jedes Jahr im Februar vorgenommen, um das Nachwachsen jungen Grases zu ermöglichen.

Auf dieser abgebrannten Fläche sahen wir ein Rudel Sumpfhirsche (Barasinghas). In seiner Nähe befand sich auch ein sehr starker Hirsch mit einem imposanten Geweih, leider in großer Entfernung. Bei dieser Unterart der Sumpfhirsche handelt es sich um die Nord-

barasinghas; die andere Unterart, die Südbarasinghas, haben wir
dann in Kanha kennen gelernt. Ein Näherkommen mit dem Elefanten war nicht möglich, das Rudel Kahlwild und die abseits davon
stehenden Hirsche hielten immer ihre Fluchtdistanz ein.
Als wir zurück ins Camp kamen, fühlte ich mich schlecht. Die Erkältung hatte mich fest im Griff. Am Nachmittag führten wir daher
keine Exkursion mehr durch, sondern sahen uns nur das Camp genau an und beobachteten die reichlich vorhandenen Rhesusaffen.
Dabei ging ich allein über einen offenen Platz, wobei ich etwa 20
Meter rechts vor mir eine Horde Rhesusaffen auf einer kleinen
Mauer sah. Plötzlich sprang mir etwas von hinten auf mein Bein
und dann sofort wieder weg. Im Umdrehen sah ich, dass es ein großes Rhesusaffen-Männchen war, das nun zu seiner Horde lief. Der
von mir sofort nachgeworfene Stein traf ins Leere, die ganze Horde
ging ohne Eile hinter diesem Mäuerchen in Deckung, wobei ich zu
erkennen glaubte, dass das verwegene Männchen für seine Helden-
tat bewundernde Blicke seiner Hordenweiber einheimste. Ich war
froh, dass der Bursche mich nicht in die Wade gebissen hatte.
Als ich wieder zum Hauptgebäude, in dem unser Zimmer lag, zurückkam, erzählte ich diesen Vorfall meiner Frau, die mich so komisch ansah, als ob ich in der aufkommenden Grippe bereits zu hal-
luzinieren anfinge. Kurz darauf konnte sie allerdings selbst verfolgen, wie eine andere Horde von Rhesusaffen von einem indischen
Camparbeiter von dem Hauptgebäude hinunter und in den Dschungel zurückgetrieben wurde. Auf der Suche nach Futter streunen sie
dauernd herum und stehlen alles ihnen essbar erscheinende, wobei
sie Unordnung und Verschmutzung hinterlassen. Das Hauptgebäude steht direkt neben dem Zaun, der das Camp vom Dschungel ab-
grenzt; einzelne Äste der großen Bäume reichen über den Zaun
hinüber fast bis zu einem Balkon des Hauses, für Affen und Panther
kein Problem, da hinüberzuspringen. Wie wir hörten, soll hier vor

Jahren ein kleiner Junge von einem Panther gepackt worden sein. Auf die Schreie des Kindes hin konnte der Panther zwar verjagt werden, der Junge sei aber an seinen Verletzungen gestorben. Bei bereits sinkender Sonne sah ich nahe dem Beobachtungsturm am Dschungelrand eine Bewegung. Ein Pfauenhahn war dabei, auf die freie Fläche des Camps auszutreten. Ich versuchte, mich ihm so weit zu nähern, dass ich ihn fotografieren konnte. Er war jedoch ziemlich scheu, erst beim dritten Versuch konnte ich ihn überlisten.

Trotz meiner Erkältung saßen wir am nächsten Morgen wieder mit Nasiim zusammen im Auto auf dem Wege ins Saluka-Camp. Noch im Dschungel, zwischen den Baumkronen hindurch, kämpfte die Sonne sich mühsam durch den Morgennebel und warf zauberhafte Strahlen ins noch dunkle Unterholz. Im Camp mieteten wir wiederum einen Elefanten. Diesmal bekamen wir den neunzehnjährigen Bullen, auf dem die indische Familie am Vortage gesessen hatte. Mit diesem Bullen hatte es eine besondere Bewandtnis: Vor achtzehn Jahren befanden sich gerade wilde Elefanten aus Nepal in Dudwa. Infolge des Monsuns führte der Fluss mächtige reißende Wassermassen mit sich, als ihn die Herde mit dem noch sehr kleinen einjährigen Bullenkalb überquerte. Der Kleine wurde abgetrieben und blieb im Gestrüpp eines ins Wasser ragenden Baumes hängen. Die Herde fand das Kalb wohl nicht mehr und wanderte weiter. Jemand vom Camp jedoch entdeckte das Kleine, das befreit und ins Camp zu den anderen Elefanten genommen wurde. Dort wurde es aufgezogen und wie die anderen zahmen Elefanten ausgebildet.

Auf diesem Elefanten saßen wir also und versuchten wieder Panzernashörner aufzuspüren. Im hohen Elefantengras stießen wir plötzlich auf eines, das unter sehr ärgerlichem Schnauben vor dem zögernden Elefanten weg in den angrenzenden Dschungel zog. Wie uns Nasiim sagte, handelte es sich um einen vierjährigen Bullen. Er war aber bereits bedeutend größer als ein afrikanisches Spitzmaulnashorn, obwohl sein Horn noch ziemlich klein war.

Nachdem er unseren Elefanten am Dschungelrande dann gesehen und gewittert hatte, beruhigte sich der Bulle wieder und ließ uns bis auf circa fünfzehn Meter herankommen. Danach zog er wieder äsend langsam zurück ins Elefantengras. Es wurde mir nun klar, warum vorher, als der Nashornbulle so ärgerlich schnaubte, unser Elefant zögerte und vom Mahaut vorwärts getrieben werden musste: es kommt durchaus vor, dass Nashörner Elefanten, andere Tiere oder Menschen angreifen; oft handelt es sich hierbei um Nashornkühe mit kleinem Kalb.

E.P. Gee beschreibt diesen Vorgang aufschlussreich (Zitat E2): „In dem sehr seltenen Fall, in dem ein Nashorn seinen Angriff auf einen Reitelefanten tatsächlich durchführt oder einen Fußgänger annimmt, benutzt es nicht sein Horn als Angriffswaffe. Anders als bei afrikanischen Nashörnern wurde das Panzernashorn nie dabei beobachtet, sein Horn auf diese Weise einzusetzen: Stattdessen nutzt es seine großen Schneidezähne in seinem oberen und unteren Kiefer, speziell letztere, und beißt sein Opfer mit einem aufwärts gerichteten Stoß seines Kopfes. Demzufolge verursacht derjenige untere Schneidezahn, der sich am dichtesten am Opfer befindet, oft eine klaffende Wunde, die den Eindruck erweckt, als ob es sein Horn benutzt hätte. Afrikanische Nashörner haben kürzere Kiefer und ihnen fehlen die mächtigen Schneidezähne des Panzernashorns."

Hinsichtlich der Beweglichkeit der Panzernashörner im Vergleich zu einem Elefanten fährt Gee fort: „Dieses Ereignis [hier nicht genannt] zeigt die Kühnheit, beharrliche Ausdauer und Beweglichkeit des Panzernashorns. Es kann einen Elefanten leicht einholen und ist in der Lage zu galoppieren, zu springen, sich zu drehen und sich schnell zu wenden – alles Dinge, die ein Elefant nicht kann. Denn ein Elefant kann nicht rennen, sondern sich nur schnell mit seinem schlurfenden Gang mit etwa zweiunddreißig Stundenkilometern fortbewegen. Und ein Elefant kann nicht springen; in der Tat kann er einen Bodeneinschnitt oder Graben von mehr als 1,8 Meter Weite nicht überwinden, welches seinem größten Schrittmaß entspricht."

Tags zuvor hatten wir kurz vor der Begegnung mit dem Tiger drei Nashörner vor uns gehabt. Der mittelalte Bulle war etwas größer gewesen als der Vierjährige von heute, auch sein Horn war größer. Wie Nasiim uns sagte, erreicht das Horn beim Panzernashorn erst mit etwa 16 Jahren sein Maximum. Alle drei Nashörner, also auch die Kuh mit dem großen Kalb, wurden von uns nicht überrascht, da sie im Dschungel unsere Annäherung rechtzeitig wahrnahmen und merkten, dass es sich um Elefanten handelte. Hingegen könnte unsere Annäherung an den vierjährigen Bullen im hohen Elefantengras bei ihm den Eindruck erweckt haben, dass ein älterer Nashornbulle auf ihn zukam, was auch eine Erklärung seines gereizten Verhaltens und seiner Flucht wäre.

Auf dem Heimweg sahen wir vom Elefantenrücken aus einen bislang noch nicht gesichteten Greifvogel, den Einfarb-Haubenadler, auf dem Ast eines weiter entfernten Baumes sitzend.

Einen letzten Dschungelspaziergang machten wir am Nachmittag mit Nasiim. Wir sahen die Trittsiegel eines Tigers und an einer anderen Stelle alte Krallenspuren an einem umgestürzten, liegenden riesigen Baumstamm, die ebenfalls von einem Tiger stammten.

Bevor wir das Camp erreichten, konnten wir noch einen mächtigen Bandseeadler auf einem hohen Baum am Rande eines kleineren Sees bewundern, für ein Foto zu weit, durch das Fernglas ein prächtiger Anblick. Allzu lange hielt er die neugierigen Fußgänger aber nicht aus, dann schwang er sich in die Lüfte und verschwand elegant hinter hohen Baumkronen.

Mit Nasiim hatten wir noch eine interessante Unterhaltung. Es ging natürlich wieder um Tiger. Er schenkte uns zwei Fotos, die er von einem starken männlichen Tiger aufgenommen hatte, kurz vor – da war der Tiger noch sauber – und kurz nach seiner Siesta in eben demselben Wasserloch, an dem wir so lange mit dem Elefanten gewartet hatten. Nasiim saß den ganzen langen Sommertag auf dem dortigen Hochsitz, und als er nach Stunden den aus dem Wasser zurückkehrenden Tiger wieder aufnehmen konnte, war dieser teilweise schwarz von Morast.

Wir sprachen auch über die Einengung des Parks durch die umliegenden Zuckerrohr-Felder. Das Problem, das sie für den Tigerbestand im Park bilden, wird am besten durch B.A. Singhs Beschreibung wiedergegeben (Zitat B1):

„Tigerinnen waren besonders verletzlich ... wegen ihrer Vorliebe, ihren Nachwuchs im April in den Zuckerrohr-Feldern zu gebären; dabei bedrohten sie die erntenden Bauern ernstlich, nur um im darauf folgenden Konflikt den Kürzeren zu ziehen. Diese Vorfälle haben sich in meinem eigenen Bezirk von Nord-Kheri regelmäßig ereignet. In 1969 zum Beispiel wurden fünf Tigerinnen erschossen, acht Junge eingefangen und drei verbrannt, alle in den örtlichen Zuckerrohr-Feldern. Fünf der Jungen wurden an einer Stelle vorgefunden; der Bauer, der sie entdeckte, sagte, dass die Tigerin weggelaufen sei, obwohl sie ohne allen Zweifel erschossen wurde. Ich bot an, die Jungen von ihm zu kaufen, doch der Mann lehnte ab, zum Teil, so stelle ich mir vor, wegen des Ruhmes, der ihm zuteilwürde, wenn er sie einem Zoo übergäbe, und teilweise deswegen, weil er jemandem wie mir nicht gerade wohlgesinnt war, der die Interessen der Wildtiere über die der Bauern stellte. Vier der Jungen fanden ihren Weg schließlich in den Zoo von Delhi, das fünfte in den von Lucknow.

Der Fall der drei Tigerjungen die verbrannt wurden, war eine traurige und viel typischere Geschichte. Sie passierte ungefähr fünf Kilometer von meiner alten Farm in Pallia entfernt. Eines Tages erschien ein Mann in Tiger Haven und sagte mit, dass eine Tigerin einen Erntearbeiter angegriffen hätte, als er Zuckerrohr schnitt. Ich ging mit ihm und meinem Elefanten zu diesem Platz zurück und verbrachte mehrere Stunden mit dem Versuch, die Tigerin wegzujagen. Wir feuerten auch einige Platzpatronen ab, aber nichts konnte sie dazu bewegen wegzugehen; so sagte ich dem Mann endlich, das Zuckerrohr-Feld für heute in Ruhe zu lassen, da die Tigerin ihre Jungen wahrscheinlich während der Nacht wegbringen würde. Ich verließ dann den Platz; kurz darauf setzte der Bauer das Feld in Brand und verbrannte dadurch auch die Jungen. Und als die Tigerin zurückkehrte, um nach ihrem Nachwuchs zu sehen, wurde sie erschossen."

Dies war unser letzter Tag in Dudwa. Wir waren die einzigen westlichen Gäste im Park, alle anderen Besucher waren Inder. Bereits um fünf Uhr am nächsten Morgen hatten wir unseren Fahrer mit dem Auto bestellt, der uns wieder nach Lucknow zurückbringen sollte. Zu dieser Zeit waren die Wege noch nicht von den Zuckerrohr-Fahrzeugen versperrt, wir kamen gut voran und brauchten nur fünfeinhalb Stunden. Nach einer kleinen Stadtbesichtigung ging es wieder mit dem Shatabdi-Express nach Delhi.

Dort sahen wir uns am folgenden Tag das alte Delhi an, vor allem das Rote Fort und die Chandni Chowk, die ehemals reiche und legendäre Silberstraße. Diese kann man heute nur in einem sportlichen Durchquetsch-Wettbewerb begehen, denn das Gedränge von Fußgängern auf den Gehsteigen – sofern vorhanden – und der Fahrzeuge aller Art auf der relativ schmalen Fahrbahn ist einfach unvorstellbar. Nachdem wir das überlebt hatten, besichtigten wir die sehr beeindruckende Jama Masjid, die größte Moschee Indiens.

Wiederum sehr früh am nächsten Morgen ging es abermals auf den Bahnhof, um diesmal mit einem anderen Zug, dem Golden Temple Mail, nach Sawai Madhopur zu fahren. Wir hätten allerdings in Ruhe ausschlafen können, denn trotz seines prächtigen Namens hatte dieser gewöhnliche Zug viereinhalb Stunden Verspätung.

Der türlose Jeep, der trotzdem auf uns wartete, brachte uns dann aber in halsbrecherischer Fahrt, als ob er die Zugverspätung wieder gutmachen wollte, zu dem nicht weit entfernten Tiger Moon Resort ganz in der Nähe des Nationalparks Ranthambore.

Tiger, Geschichte und Tiger-Geschichten

Ranthambore / westliches Indien

Ranthambore war für uns wie ein Zauberwort aus dem Märchen. Innerhalb dieser wasserreichen Bergkette interessierte mich der wunderbare circa 400 Quadratkilometer große Park natürlich am meisten, aber beherrschendes Merkmal war eindeutig das riesige Fort Ranthambore, das aus dem zehnten Jahrhundert stammt und in die Felsen oberhalb der steilen Felswände gebaut, einen weiten Teil des Parks überblickt. Dieses Fort wurde im Lauf seiner Geschichte mehrmals umkämpft. So im Jahre 1301, als der dort residierende Hindu-König, der Rajput Raja Hamir, von der islamischen Armee des Sultans von Delhi besiegt wurde. Dabei sollen die im Fort eingeschlossenen Frauen Sati begangen, das heißt sich verbrannt haben, um nicht in die Hände des Feindes zu fallen.

Ranthambore war Jagdrevier des Maharadschas von Jaipur, und hatte trotz seiner kriegerischen Vergangenheit immer Tiger und viele andere Wildtiere beheimatet. Nach der Unabhängigkeit Indiens wurde es Sanctuary, Tiger Reserve und Nationalpark. Dieser Park besteht in einer wunderbaren Verbindung zwischen Natur und den Resten der historischen Bauten, wie Tempel und andere Gemäuer. Diese Reste ehemaliger kleiner Prunkbauten in der Wildnis, ebenso wie das Jogi Mahal, das Gästehaus im Stile eines Jagdschlosses direkt am angrenzenden Lotussee, vermitteln den Eindruck eines Märchens aus Tausendundeiner Nacht.

Früher konnten Touristen im Jogi Mahal noch übernachten, jetzt ist es hohen Gästen der Forstverwaltung vorbehalten.

So wie mit Dudwa der Name Billy Arjan Singh verknüpft ist, so steht mit Ranthambore Valmik Thapar in Verbindung, der durch viele Tierbeobachtungen, Bücher und Filme bekannt wurde. Angefangen hat er mit Tigerbeobachtungen in Ranthambore. Insbesondere gelang es ihm nachzuweisen, dass der männliche Tiger unter normalen Bedingungen nicht der eigenbrötlerische und unduldsame Einzelgänger ist, als der er meistens dargestellt wird, sondern sehr wohl innerhalb seines Territoriums familiäre Bande kennt und sich der Tigerin und seinen Jungen gegenüber sozial verhält. Voraussetzung ist, dass er nicht unter extremem Existenzdruck seitens des Menschen steht, über genügend Nahrung verfügt und auch tagaktiv sein kann. Alles das konnte er früher in den meisten Regionen nicht, weil es keine Schutzgebiete gab und er permanent bejagt wurde.

Valmik Thapar schildert hierzu eine seiner faszinierenden Beobachtungen (Zitat D1):
[Kublai ist der territoriale Tiger und Vater der Jungen, Nalghati deren Mutter.]

„Um vier Uhr nachmittags schlendert Kublai faul zum Wasserloch und gleitet ins Wasser, Hinterbeine zuerst, taucht komplett unter, nur sein Kopf bleibt sichtbar. Tiger mögen es nicht, wenn Wasser in ihre Augen spritzt, und die meisten gehen rückwärts ins Wasser. Ungefähr zwanzig Minuten später folgt Nalghati und beide faulenzen im Wasser. Minuten später... Das männliche Junge spaziert ganz unbekümmert zum Wasserloch, kein Anzeichen von Überraschung oder Furcht in seinem Gesicht, umkreist die zwei Alten und geht dort ins Wasser, wo Kublai ausgestreckt liegt. Bald folgt das weibliche Junge ihrem Bruder, geht ins Wasser und setzt sich auf

die Pfote seiner Mutter. Nalghati leckt sein Gesicht. ... die Ruhe und Gelassenheit dieser Szene sind außergewöhnlich. Eine große glückliche Familie: Nalghati, Kublai und zwei fünf Monate alte Junge in unmittelbarer Nähe, eingetaucht in diesem ziemlich kleinen Wasserloch. Sie schlürfen in regelmäßigen Abständen Wasser. Nach einer halben Stunde erhebt sich das männliche Junge, reibt seinen Kopf liebkosend an Kublai und verlässt das Wasser. Das weibliche Junge folgt ihm und sie spielen, springen aufeinander, wobei sie langsam zu einem Baum gelangen, klettern die Äste hoch, um Verstecken inmitten des Laubes zu spielen. Die beiden erwachsenen Tiger passen auf. Kurz darauf verlässt Nalghati das Wasser und verschwindet im Wald. Die Jungen setzen ihr Spiel unter den beschützenden Blicken von Kublai fort. Bei Dämmerung erhebt sich Kublai aus dem Wasser und nähert sich den Jungen. Die Kleinen stürmen zu ihm hin. Er leckt eines der beiden.
Als wir weggehen, sitzt Kublai etwa einen Meter von den zwei Jungen entfernt. Wir sind Zeuge von einem der bestgehüteten Geheimnisse im Leben eines Tigers geworden."

Der Andrang in den Ranthambore-Park war sowohl seitens indischer als auch westlicher Touristen groß, weil er so bekannt ist und die Chancen hoch sind, einen Tiger zu sehen. Allein von unserer Lodge aus starteten sechs Wagen voll mit Touristen, fünf Jeeps und ein kleinerer LKW mit vielen Sitzen. Der Park selbst ist in bestimmte Routen eingeteilt, so dass sich die Fahrzeuge, die aber auch nur in begrenzter Zahl in den Park gelassen werden, nicht stauen.

Was gegenüber Dudwa sofort auffiel, war nicht nur der lichtere Dschungel, sondern auch die relativ hügelige Landschaft; beides bewirkt eine bessere Sicht auf die Tiere. Axishirsche waren hier noch häufiger und allgegenwärtiger als in Dudwa. Wenn man sich

die Zeit nimmt, diese Tiere genauer anzusehen, ihren zierlichen und dabei doch relativ kräftigen Körperbau, ihre Eleganz, und nicht zuletzt ihre wunderbar gesprenkelte Decke auf sich wirken lässt, so kann man schon mit vielen anderen Betrachtern und Autoren übereinstimmen, für welche die Axishirsche die schönsten Hirsche überhaupt sind. Obwohl der männliche Axishirsch wie der Sambar nur ein sechsendiges Geweih schiebt, ist dieses ebenfalls wohlproportioniert und ziemlich groß. Wenn auch der Elch für mich der Mächtigste und der Rothirsch der Majestätischste unter den Hirschen ist, so erscheint mir der Axishirsch als der Schönste.

Außerdem hatten wir das Glück, an diesem Morgen zwei interessante neue Tierarten zu entdecken: die Nilgai-Antilope und die Indische Gazelle.

Erstere ist die größte Antilope des subindischen Kontinents. Sie sieht ziemlich eigenartig, fast etwas kuhartig aus, weshalb sie von Hindus auch verehrt, zumindest nicht gewildert wird. Ihr Anblick

ist, wenn man bislang nur afrikanische Antilopen kannte, etwas ge
wöhnungsbedürftig. Es war gerade Brunft bei den Nilgais. Ein Ru
del der braunen weiblichen Tiere mit Jungen stand etwas abseits
und sah zu, wie ein fast blau aussehender alter Bulle (deshalb heißt
die Art im Englischen auch blue bull) einen anderen wegtrieb. Dies
erfolgte aber eher auf die gemütliche Art, durch Imponieren, nicht
durch Kampf: Er ging gemessenen Schrittes auf den anderen, wohl
nicht so alten blauen Bullen zu, präsentierte ihm seine Breitseite

und trieb ihn dadurch weiter von seinem Rudel weg. Obwohl sein
Gehörn von circa 24 Zentimeter Länge etwas größer war als das des
vertriebenen Rivalen, so sieht dieses doch unverhältnismäßig klein
aus bei einem Tier von der Größe eines Pferdes.
Die Indische Gazelle oder Chinkara kommt in diesem Park nur in
geringen Stückzahlen und nur in sehr lichten Waldparzellen vor, da
sie ein Tier des offenen und meist trockenen Geländes ist, und auch
entsprechend schnellfüßig, um erfolgreich fliehen zu können.

Die eigentliche Heimat der Chinkaras ist die Wüstenregion in Rajasthan; dort im Desert-Nationalpark in der Thar-Wüste, dicht an der Grenze zu Pakistan, trifft man die größten Bestände an.

Die Indische Gazelle sei viel kämpferischer als die Hirschziegenantilope und mutig bei Verteidigung ihrer Kitze. Dies teilt R.S. Dharmakumarsinhji mit und gibt hierzu eine interessante Beobachtung wider (Zitat K2): „Ich erinnere mich an eine Begebenheit auf einer Pirsch, als ich ein junges Gazellen-Kitz ungefähr zur Mittagszeit aus seinem Versteck aufscheuchte. Kaum dass es aufgesprungen war und zu rennen angefangen hatte, schwenkten zwei Steppenadler nieder und einer davon fuhr seine Fänge (Klauen) aus und stieß das Kitz zu Boden. Das Kitz klagte als es fiel. Plötzlich sah ich hinter einer Bodenwelle einen Chinkara-Bock auftauchen und zum Kitz hineilen, und als der zweite Adler hinuntertauchte um seinen tödlichen Griff anzubringen, sah ich mit Erstaunen, dass der Bock den Angriff mit seinem Gehörn abwehrte, während das Kitz zitternd neben ihm stand. Ich hatte solch ein Verhalten noch nie gesehen. Die Chinkara begann in dieser Verteidigungsstellung zu schnauben, und durch diesen Alarmlauf wurde die Geiß, die sich wohl in Hörweite befand, herangelockt und gesellte sich schnell zu ihrem Nachwuchs. Damit befanden sich alle drei dicht zusammen und die Adler schwebten wieder in den blauen Himmel zurück."

Kurz darauf kamen wir zu einer Stelle, wo die Vögel einen ziemlichen Lärm machten. Unser Guide vermutete dort eine Raubkatze und wir fuhren ein paar Meter auf diese Stelle zu. Statt einer kleineren Raubkatze, eines Panthers oder gar eines Tigers entdeckten wir aber lediglich einen Braunen Fischuhu, der von den Vögeln ausgezankt wurde.

Am Seeufer hatten wir die erste Begegnung mit Sumpfkrokodilen, die dösend am Ufer in der Sonne lagen. Kurz darauf überquerte ein imposanter Sambar unseren Fahrweg. Obwohl das Geweih des Sambars nur sechs Enden aufweist, ist es erstaunlich ausladend und besitzt starke Stangen. Dies war ein bereits starker Hirsch − es wäre interessant gewesen zu erfahren, woher er den langen Schmiss auf

seiner rechten Hinterkeule hatte, eine Verletzung durch Astwerk auf der Flucht, eine Wunde durch den Kampf mit einem Nebenbuhler während der Brunft oder gar das Zeichen eines überstandenen Angriffs von Tiger oder Panther?

Unsere suchenden Blicke auch in die Bäume wurden belohnt, als wir dort zwei Halsring-Zwergohreulen entdeckten, die aneinander gedrängt in einem Baumloch saßen, sie waren dort kaum zu erkennen. Wie alle kleinen Eulen nutzen auch sie solche Baumhöhlen optimal.

Wie meist, waren wir auch am Nachmittag wieder im Park. Diesmal saßen wir mit etwa achtzehn weiteren Leuten auf einem LKW, nicht so schön wie mit einem Jeep, aber dafür höher, eine weite Sicht genießend. Zusätzlich zur Ausbeute des Vormittags sahen wir noch Wildschweine, Wasserpflanzen äsende Sambars im See, viele Wasservögel und gegen fünf Uhr einen Tiger, der wohl gerade seine Mittagssiesta beendet hatte und nun auf Jagd ging. Ob es sich um eine Tigerin oder einen männlichen Tiger handelte, konnte man wegen der großen Entfernung nicht erkennen, außerdem war er nur teilweise sichtbar, da er sich in guter Deckung an Hirsche anpirschte. Es handelte sich um je ein kleines Rudel von Axishirschen und Sambars, wobei die Sambars aber näher beim Tiger standen.

Im Vordergrund befand sich noch ein Pfauenhahn, der aber ebenfalls keine Ahnung von der Anwesenheit des Tigers hatte. Man konnte ihn nur mühsam zwischen den Bäumen hindurch im Auge behalten. Während wir beobachteten und fotografierten, zogen die Axishirsche weg, ohne dass der Tiger den Sambars merklich näher gekommen wäre. Er hatte noch keinen Angriff durchgeführt, anscheinend war ihm die Entfernung immer noch zu weit.

Unser Fahrer drängte zur Abfahrt, da wir um 18 Uhr den Park verlassen mussten. Die den Sambars geltende Pirsch des Tigers war also immer noch unentschieden, erst morgen würden wir Bescheid wissen, ob sie erfolgreich verlaufen war; in diesem Fall würde hier in der Nähe ein Kadaver liegen. Bevor wir abfuhren, prüfte ich noch den Wind: er stand vom Sambar-Rudel zum Tiger, das heißt der Tiger pirschte gegen den Wind, jedoch schien mir dieses mehr zufällig zu sein, denn ganz offensichtlich nutzte der Tiger lediglich die besten Deckungsmöglichkeiten.

Während der Heimfahrt gingen mir die Anmerkungen im Kopfe herum, die Corbett (in Man-Eaters of Kumaon / The Chowgarh Tigers) über die Jagdweise des Tigers gemacht hatte: er ist der Mei-

nung, dass sich Tiger immer gegen den Wind ihrer Beute nähern würden. Im Gegensatz dazu stehen aber die Ausführungen von B.A. Singh, die ich für zutreffend halte (Zitat B3):
„Viele Angriffe werden natürlich vereitelt bevor sie überhaupt beginnen. Dem Tiger ist nachgesagt worden, dass er seine Beute vorsätzlich gegen den Wind anpirscht und sogar die natürliche Neugier der Hirsche mit einbezieht. Doch dieses setzt eine spitzfindige Schlauheit und Urteilskraft voraus, die kein Tier besitzt. Es ist zu viel verlangt, dass ein Tier, das im Wesentlichen selbst über keinen Geruchsinn verfügt, diese Eigenschaft seiner Beute zuschreibt und dann durch entsprechendes Verhalten dessen Vorteil wieder ausgleicht. Wenn der Tiger solche Kunstgriffe beherrschte, die sogar ein menschlicher Jäger manchmal vergisst, so würde er niemals scheitern Beute zu machen. Es ist nun aber so, dass viele Pirschen mit dem Wind erfolgen und an dem hervorragenden Witterungsvermögen der Hirsche scheitern; diejenigen, die gegen den Wind erfolgen, sind rein zufällig."
Auch andere Altmeister dieser Materie haben sich zum Geruchsinn des Tigers geäußert, als letztes Zitat sei noch die Meinung von F.W. Champion wiedergegeben (Zitat G3):
„... der Geruchsinn des Tigers ist wahrscheinlich nicht ausgeprägt. In der Tat scheint dies die Vorsehung einer weisen Natur zu sein, denn sonst wäre ein Tiger eine solche Bedrohung, dass er schnell alle anderen Geschöpfe vernichten könnte. Die folgende Meinung des verstorbenen Generals Douglas Hamilton wird in dieser Aussage ausgedrückt: ‚Ich behaupte, wenn Tiger zusätzlich zu ihrem wundervollen Seh- und hervorragenden Hörvermögen – ganz abgesehen von der absoluten Lautlosigkeit ihrer Bewegungen – auch noch die Fähigkeit eines überragenden Geruchsinns hätten und das Pirschen gegen den Wind beherrschten, wären sie selten oder nie erfolglos bei Sicherstellung ihrer Beute. Dies wäre gegen die Na-

turgesetze, die den schwächeren Tieren immer gewisse Chancen einräumt, um ihre Ausrottung zu verhindern."
Dass Tiger jedoch ihren Geruchsinn unter sich nutzen können, zum Beispiel ihre territorialen Urin-Markierungen mittels ihres Geruchsinns kontrollieren, ist unbestritten.

Einer der Mitarbeiter in der Tiger Moon Lodge, in der wir wohnten, führte die Gäste auf das Fort. Daran nahm auch meine Frau teil, während ich mit meiner bereits fiebrigen Grippe das Bett hüten musste. Dieser Mitarbeiter wohnte mit anderen in einem kleineren Gebäude dicht am Zaun, der das Gelände der Lodge von den Feldern trennte. Bei diesem Gebäude tummelte sich immer ein Rudel von circa acht Haushunden. Man muss wirklich schon den Ausdruck Rudel wie bei Wölfen gebrauchen, denn es gab eine feste Hierarchie, und die beiden einzigen Welpen stammten von der Alpha-Hündin. Der Mitarbeiter erzählte uns nun, dass ein Panther zwar nicht jede Nacht, aber doch ab und zu morgens um fünf Uhr herum das Gelände dicht am Zaun passieren würde. Gestern Nacht zum Beispiel sei er wieder da gewesen und die Hunde hätten angeschlagen. Er sei schnell aufgestanden und hätte den Panther gerade noch in den Feldern Richtung Dschungel verschwinden sehen. Auch viele andere Wildtiere würden in die Felder kommen und zum Teil Schaden verursachen, insofern seien Panther hier nachts durchaus willkommen. Dies natürlich nur, wenn sie sich an die Wildtiere in den Feldern halten würden, wie Axishirsche, Wildschweine und Affen. Weniger gern hätte man, wenn sich ein Panther eine Ziege oder einen Hund schnappen würde.
Ich meinte, bei dieser großen Zahl von Hunden würde es früher oder später wohl dazu kommen, dass ein Hund vom Panther gerissen werden würde. Ein Hund ist für einen Leoparden sowohl in Afrika als auch in Asien ein stets willkommenes Beutetier und eine Versu-

chung, der er bei günstiger Gelegenheit kaum widerstehen kann. Ich bat den Angestellten der Lodge mich zu wecken, wenn der Panther in den nächsten Nächten wieder käme. Dies geschah aber während unserer Anwesenheit nicht mehr.

Gleich nach Öffnung des Tores waren wir am nächsten Morgen wieder im Park. Wir fuhren abermals zu der Stelle vom vorigen Abend. Es waren aber keine Geier da und keine Warnlaute von Hirschen, Affen oder Vögeln zu hören, auch einen Kadaver konnten wir nicht ausmachen. Der Tiger hatte also entweder keinen Angriff durchgeführt oder dieser war fehlgeschlagen. Dies ist ja meistens so, höchstens einer von etwa zehn Versuchen führt im Schnitt zum Erfolg.

Auf dem See vor dem Jogi Mahal lag Nebel, auch sonst sahen wir während dieser Parkfahrt nichts Besonders, jedenfalls keine neuen Säugetier-Arten. Zwei interessante Vögel konnten wir jedoch beobachten: den Indischen Schlangenhabicht und den kleinen Brahmanen-Kauz.

Am Nachmittag trafen wir auf einige Hulmans, Sambars und einen Schwarznackenhasen. Später kamen dann noch ein Sumpfkrokodil am Ufer dazu und ein kapitaler Axishirsch. Romantisch war der Anblick des Pavillons am jenseitigen Ufer des Sees mit Sambarhirschen im Vordergrund. Vieles mehr sahen wir dort noch: den Wirrwarr herunter hängender Luftwurzeln und Moose im zum Teil Sonnen durchgleißten Unterwuchs des Dschungels; einen Mungo an einer sonnigen Stelle, wie er plötzlich im Laufe innehält und zurücksieht; einen prächtigen Sambar zusammen mit Wildschweinen sowie zwei ältere und einen jüngeren Sambar beim Äsen von Wasserpflanzen, zwei Kuhreihern einen bequemen Sitz auf ihren Rücken bietend.

Eine halbe Stunde vor Schließung des Parks waren wir schon wieder dicht vor dem Ausgangstor, als vor uns zwei Wagen hielten. Davor lag am Rande der Fahrspur eine Tigerin und beobachtete einige Hanuman-Languren etwa vierzig Meter vor ihr. Gleich kamen aber noch mehr Autos an, und die Tigerin fühlte sich offensichtlich belästigt. Sie stand auf und ging in einer Entfernung von circa drei Metern an unserem kleinen offenen Jeep vorbei ins Dickicht. Das Bild, das ich hierbei versucht habe, zeigt aber nicht das ganze Tier, es war für die Brennweite von 80 mm bereits zu nahe. Dass eine solche Situation eintreten könnte, hätte ich nicht gedacht. Der Blick, den die vermutlich noch junge Tigerin dem größeren Wagen mit schwatzenden Indern zuwarf, und mit dem sie natürlich alle Menschen in ihren lärmenden Stinkmobilen meinte, sprach Bände: Wir waren dieselben Störenfriede wie die Aasgeier, die auch in großer Zahl auftraten und sie störten.

Wie schön wäre es, wenn es der Parkverwaltung gelänge, einen Abstand von zehn Metern der Fahrzeuge zu den Tieren durchzusetzen. Aber kaum einer der Fahrer, die ja alle ein Trinkgeld erwarten, hielte sich daran. Leider wurde auch das Geschwindigkeitslimit oft überschritten und langsamere Fahrzeuge überholt, sie in einer Wolke von Staub zurücklassend.

Sowohl am Vormittag als auch am Nachmittag des folgenden Tages
befanden sich meine Frau und ich wieder auf einem voll besetzten
LKW im Park. In dieser Menge konnte man keinen Einfluss darauf
nehmen, irgendwo anzuhalten oder an einer bestimmten Stelle mit
interessanten Tieren länger zu verweilen.

Doch immerhin sahen wir am Vormittag einen wuselnden großen
Bienenschwarm an einem Ast, zum Glück genügend weit weg vom
Fahrzeug. Einen – wahrscheinlich männlichen – Tiger sahen wir
auch, jedoch nur ganz kurz zwischen den Büschen und etwa dreihundert Meter entfernt, wie er gerade die Kuppe eines Hügels quer-
te und sein herrliches Fell einige Male in den Sichtlücken aufleuch-
tete.

Die etwas bescheidenen Höhepunkte unserer Nachmittagsfahrt waren ein Indien-Nimmersatt und ein Schwarzflügel-Gleitaar, aber
auch ein schönes Trittsiegel einer Tigerin im seitlichen Staub der
Fahrspur. Nicht zuletzt empfanden wir es fast wie einen Gruß aus
der Heimat, als sich ein Wiedehopf auf dem Ast des Nachbarbau-
mes niederließ und wir ihn ein Weilchen betrachten konnten. Die
Art ist jedoch kein europäischer Gast, sondern brütet auch hier.

Abends, kurz bevor es zum Abendessen in den Speiseraum der Lodge
ging, sah ich eine Katze dort hinein-
schlüpfen. Der dabeistehende Kellner erläuterte, dass dies eine wilde
Rohrkatze sei, die häufig hierher
käme, um die Ratten und Mäuse aus
der Speisekammer und unter dem
Reetdach zu fangen.

Der nächste Vormittag in Ranthambore brachte uns einen Anblick, al-

lein deswegen sich für mich die ganze Indienreise schon gelohnt
hätte: eine Tigerin überquerte den Fahrweg vor uns, stand dann am
Wegrand und sah sich um, ging wieder auf die andere Seite zurück
und tauchte dann links in den Büschen unter, in der sie einen Moment vorher wohl etwas gesehen oder gehört hatte. Sie war ein sehr
schönes, großes und kräftiges Tier, das man ohne genaueres Hinsehen für einen männlichen Tiger hätte halten können. In dieser Situation waren wir das einzige Auto in ihrer Nähe. Sie beachtete uns
überhaupt nicht. Mich überkam das eindeutige Gefühl, dass sie uns
als notwendiges Übel betrachtete und keine Zeit mit uns ver-
schwenden wollte. Ich machte einige Aufnahmen von ihr, doch so
schön wie die abgebildete Aufnahme gelangen die anderen wegen
dazwischenstehender Zweige nicht.

Faszinierend festzustellen war, wie sich der gestreifte große Tiger-
körper in voller Breitseite fast aufzulösen begann, als die Tigerin
hinter einigen lichten, jetzt im Winter nahezu unbelaubten Büschen
entlang schritt. Wie ich später feststellte, waren solche Begegnungen in anderen Parks nicht möglich, da nur in Ramthambore die Tiger so vertraut und etwas tagaktiv waren.

Bei solch kurzer Begegnung kann man als Außenstehender natürlich nicht erkennen, ob es sich um einen territorialen Tiger oder einen Durchzügler handelt. Ganz anders war dies bei Valmik Tapar,
der solche Beobachtungen systematisch durchgeführt hat. Es war
hier in Ranthambore, dass er eine solche Begegnung zwischen einem durchziehenden Tiger und einer ansässigen Tigerin mit ihren
Jungen beobachten konnte (Zitat D2):

[Die Tigerin Noon und ihr männliches und weibliches Junge fressen
an einem von Noon geschlagenen Sambar. Ein fremder, sehr großer
Tiger, der durch dieses Territorium zieht, scheint sie entdeckt zu
haben.]

„Der männliche Tiger hat die entgegengesetzte Seite der Grasfläche erreicht, dreißig Meter von Noons Familie entfernt, und am Grasrand lässt er sich hinplumpsen und scheint einzuschlafen. Zu dieser Zeit bewegt sich Noon langsam und vorsichtig aus dem hohen Gras heraus in Richtung auf das Männchen zu, ihre Augen besorgt umherspähend im Bemühen, das Umfeld genau zu durchdringen. Sie befürchtet eine mögliche Gefahr, doch ist das Gras zu hoch für sie um den Aufenthaltsort des Eindringlings ausfindig zu machen. Sie bleibt einige Minuten wie erstarrt stehen und blickt sorgfältig in die ungefähre Richtung des männlichen Tigers. Plötzlich schnippt das Männchen mit seinem Schwanz, einige Grashalme bewegen sich und Noon hat ihr Ziel ausgemacht. Hochgradig wachsam und angespannt beginnt sie ihn anzupirschen. Es kostet sie fünfzehn Minuten, um dreißig Meter zurückzulegen. Sie bewegt sich so behutsam, dass man das Geräusch, das ihr Gewicht auf dem trockenen Gras verursacht, nicht hören kann. Den Kopf gesenkt, die Muskeln nahe ihrer Schulter hervortretend, kommt sie einige Meter vor dem männlichen Tiger zum Stehen. Nun verhält sie wie versteinert, beobachtet ihn und erkennt klar die von ihm ausgehende mögliche Bedrohung. Sie sieht aus, als ob sie angreifen wird. Das Männchen hat seine Augen geschlossen. Ich möchte gerne wissen, ob er sie nicht zum Narren hält. Noon macht vorsichtig noch einen Schritt vorwärts, da wirbelt das Männchen plötzlich herum, sie mit einem bösartigen Knurren anfahrend, und in Blitzesschnelle erheben sich beide Tiger auf ihre Hinterpfoten, buchstäblich einander Gesicht zu Gesicht gegenüberstehend. Sie bemühen sich ihr Gleichgewicht für ein Weilchen zu halten, und schlagen aufeinander ein zur Geltendmachung ihrer Vorherrschaft, dann lassen sie sich wieder auf alle Viere nieder unter einem Knurren, das einem das Blut in den Adern gerinnen lässt. Sie erheben sich so drei Mal auf ihren Hinterpfoten, bevor sie sich niedersetzen um sich anzustarren. Der Wald beruhigt sich wieder. Das durchziehende Männchen hat den Geruch des

Beutetieres aufgefangen und ist entschlossen, sich den Kadaver mit Gewalt anzueignen. Noon steht bald auf und versucht schnell zum Kadaver zurückzukehren. Im Hintergrund sehe ich ihr männliches Junge davonlaufen. Der männliche Tiger folgt Noon. Das weibliche Junge verlässt nun das Gras und versucht, den männlichen Tiger liebkosend zu begrüßen, aber er knurrt sie wütend an, und Mutter und Tochter beobachten ihn als er ins Gras tritt und den Kadaver in Besitz nimmt. Noon folgt ihm, doch als sie näherkommt, wird sie mit einer Serie leiser Knurrlaute empfangen. Sie zieht sich mit ihrem Jungen zurück, um sich am Rande der Grasfläche im Schatten eines Baumes niederzulassen. Von ihrem männlichen Jungen ist nichts zu sehen. Nach einer Weile wagt das weibliche Junge ins Gras einzudringen und nähert sich vorsichtig. Sie fährt hartnäckig damit fort bis sie innerhalb eines Meters bei dem Männchen ist, doch seine Aggressivität zwingt sie wieder wegzugehen.

Am Spätnachmittag zieht es das weibliche Junge wieder zum Kadaver. Trotz vielen Knurrens des Männchens gelingt es ihr, sich einen der Läufe des Hirsches zu schnappen, doch hierbei erwischt sie einen Schlag auf ihre Vorderpfote, die eine kleine Wunde verursacht. Unbeeindruckt fährt sie fort auf dem herumzukauen, was sie sich geholt hat. Noon lässt sich nicht in eine Rauferei ein und bleibt außerhalb des Grases liegen. Am späten Abend nähert sich eine Rotte Wildschweine behutsam, angelockt von dem Gestank des Kadavers, bemerkt Noon und trottet weiter.

Am nächsten Morgen finden wir Noon und ihr weibliches Junge, wie sie auf den vielen Überbleibseln des Kadavers herumkauen. Der männliche Tiger hatte die Gegend wieder verlassen, nachdem er sich den Bauch vollgeschlagen hatte."

Im Vergleich hierzu erscheint mir interessant, dieser Beobachtung eine andere gegenüberzustellen, die E.P. Gee überliefert hat (Zitat E1):

„Eine Tigerin tötete [ein Beutetier] um 3 Uhr morgens ... Die Tigerin zog sich dann zurück und kam später mit vier kleinen Jungen wieder. Sie begannen alle zu fressen.

Dann erschien unerwartet ein riesiger männlicher Tiger.

Die Tigerin führte ihre Jungen hastig fort, versteckte sie im angrenzenden Dschungel, und kehrte dann zurück, um es mit dem eingedrungenen Tiger aufzunehmen.

So wie sich der Tiger um das Beutetier herum bewegte, so platzierte sich die Tigerin jeweils zwischen den Tiger und ihre Jungen beziehungsweise zwischen den Tiger und die Beute. Mit Geschick drängte sie den Tiger sowohl von ihren Jungen als auch vom Beutetier ab. Dies ging so einige Zeit. Bis der Tiger sich zurückzog, sich wohl entscheidend, dass der bessere Teil der Tapferkeit die Vorsicht ist, obwohl er offensichtlich hungrig war.

Danach suchte die Tigerin das nahe Dickicht wieder auf und brachte ihre Jungen zu ihrer Mahlzeit zurück."

Es ist also offensichtlich so, dass es auf die Situation, die Stärke und den jeweiligen Gemütszustand der beiden Kontrahenten ankommt und darauf, wer sich im Recht fühlt und sich deshalb konsequenter durchsetzt.

Mit dem geschilderten Höhepunkt der Tigerbegegnung war der Vormittag aber noch nicht abgeschlossen: Wir sahen einen Indischen Schlangenhabicht und einen Fischadler, jeweils auf Bäumen sitzend, sowie wieder Halsring-Zwergohreulen und einen Brahmanen-Kauz.

Das Schönste aber war der Anblick des zauberhaften Jogi Mahal hinter dem See, das man wunderbar sah, nachdem es am vorigen Tag hierfür über dem See zu neblig gewesen war.

Im See selbst standen, wie auch schon an den Vortagen, etliche Sambars, die Wasserpflanzen mit untergetauchtem Kopf herausholten und ästen. Dabei waren starke und jüngere Hirsche, weibliches Wild und Kälber, die ganze Sambar-Population des umliegenden Bereiches hatte sich auf den Lebensraum der Seen und die Äsung von Wasserpflanzen eingestellt.

Und es gab zwei Tierarten, die sich wiederum auf die Sambars im Wasser spezialisiert hatten: Die ebenfalls im See lebenden Sumpfkrokodile und die Tiger, die dieses Territorium bewohnten.

Die Sumpfkrokodile gehören nicht zu dem ursprünglichen Tierbestand des Parks; sie wurden vor Jahren eingesetzt und vermehren sich seither ungestört. Sie sind etwas kleiner als die in Afrika anzutreffenden Nilkrokodile, kleiner als die ganz auf Fische spezialisierten Ganges-Gaviale, und kleiner als die im Salz- und Brackwasser von Sri Lanka, Bengalen, Hinterindien bis zu Nordaustralien lebenden Leistenkrokodile. Einige Guides meinten, es gäbe jetzt schon

zu viele Sumpfkrokodile im Park, da sie keine natürlichen Feinde
hätten und lange lebten. Sie ernähren sich hauptsächlich von Fischen, doch viele haben es inzwischen gelernt, auch Hirsche im
Wasser zu erbeuten.

Dass der territoriale Tiger des Seengebietes und die hier lebende
Tigerin die Jagd im Wasser auf den Sambar auch beherrschen, wurde schon öfters beobachtet. Es sind auch Fälle bekannt, wo Tiger
den Krokodilen den von ihnen erlegten Sambar weggeschnappt haben. In einem sogar bildlich dokumentierten Falle hat der territoriale männliche Tiger den von ihm erlegten Sambar zunächst an die
Krokodile abtreten müssen. Neun Stunden wartete und beobachtete
er, wie die Krokodile vergeblich versuchten, das starke Fell des
Sambars aufzureißen. Dann stürmte er mitten in die Gruppe der
Krokodile und holte sich den Kadaver wieder aus dem Wasser zurück.

Ich möchte noch einmal Valmik Thapar zu Wort kommen lassen,
der so einen Vorfall schildert, wobei Noon die Tigerin ist, die hier
ihr Territorium hat und es sich bei Fateh Singh Rathore um den
damaligen Feld-Direktor und besten Tigerkenner des Parks handelt,
mit dem zusammen Thapar viele Beobachtungen durchgeführt hat
(Zitat D3):

„Um fünf Uhr eines Abends im Februar griffen drei der größeren
Krokodile in Rajbagh im etwa meterhohen Wasser eine mittelgroße
Sambar-Kuh an. Fateh beobachtete, wie dieses Geschehen ablief.
Ein Krokodil machte verzweifelte Versuche einen Hinterlauf an
sich zu reißen, während ein anderes versuchte den Hals zu packen,
unter vielem Drehen und Verwinden ihrer Körper. Die Sambar-Kuh
war wie versteinert, unfähig das Wasser zu verlassen. Andere Hir-
sche um den See gaben den Warnruf ab, und innerhalb von zehn
Minuten sank die Sambar-Kuh langsam ins Wasser, mit klaffenden
Wunden um Hals und Rumpf. Nun gab es eine wirbelnde Masse

von Krokodilen um die Sambar-Kuh herum, und langsam ging sie inmitten des Ansturms unter. Die Krokodile hatten Schwierigkeiten den Kadaver aufzureißen, um ihn verschlingen zu können. Plötzlich erschienen Noon und ihre Jungen auf der Bildfläche.

Die Jungen setzten sich auf ihre Keulen um zu beobachten, während Noon das Ufer in Richtung der Krokodile umlief. Sie hielt, um das Geschehen einige Minuten lang zu beobachten, und stieg dann in das seichte Wasser, zuerst langsam, versuchsweise, sachte ihre Schritte über den Seeboden wählend. Plötzlich raste sie mit explosionsartiger Geschwindigkeit direkt auf die Krokodile und den Kadaver zu. Bösartig knurrend schlägt sie auf das Wasser, und die Krokodile sind gezwungen sich zurückzuziehen. Fateh schätzt, dass es fast zwanzig Krokodile um den toten Sambar waren. Ein Großes bewacht den treibenden Kadaver immer noch, doch Noon stürzt zu ihm hin und haut ihre Pranke mit solcher Wucht ins Wasser, dass das Krokodil weggleitet. Noon ist das beherrschende Raubtier an den Seen; ihre im Wasser durchgeführten Raubzüge ermöglichen es ihr, erfolgreich um Beute zu konkurrieren. Schnell ergreift sie den Kadaver an der Kehle und beginnt ihn aus dem Wasser zu ziehen. Es erfordert eine herkulische Anstrengung. Die Jungen, die aufmerksam vom Ufer aus zugesehen haben, rasen nun querfeldein auf ihre Mutter zu und treffen auf sie als sie gerade das trockene Land erreicht. Sie stoppt als die Kleinen sie liebkosen und um den Kadaver herumspringen. Dann fährt sie damit fort, ihn auf das trockene Land zu schleppen, wobei sie rückwärtsgeht. Ihr männliches Junges ergreift ihren Schwanz, sich menschenähnlicher als eine große Katze benehmend, als ob es sagen wollte ‚ich zieh dich auch‘, und dann versucht zu Fatehs Überraschung das weibliche Junge an ihres Bruders Schwanz zu ziehen. Diese seltsame Prozession von Tigern bewegt sich mit dem Sambar langsam zu einer Grasbank, wobei sie während dieser anstrengenden Arbeit ab und zu innehalten um auszuruhen."

Die Anblicke, die wir am Nachmittag hatten, waren bei weitem nicht so spektakulär, dennoch sahen wir zwei interessante Tiere: An einem lang gestreckten Wasserlauf ging ein Exemplar der etwa 70 Zentimeter großen Ganges-Weichschildkröte ins Wasser. In einem anderen Parkteil, aber auch am Rande eines Gewässers, sahen wir einen Schwarzstorch – bei ihm könnte es sich um einen nordischen Gast gehandelt haben.

Der nachfolgende und letzte Tag unseres Besuches in Ranthambore erbrachte eine schöne Aufnahme des Kleinen Alexandersittichs, dessen schnittigen Flug und überlangen Schwanz wir schon mehrmals bewundert hatten. An anderen Stellen konnten wir einen Indischen Uhu beobachten, sahen einen ziemlich großen Wildschweinkeiler und trafen wieder auf einen Mungo.

Was in Ranthambore ebenfalls sehr beeindruckend war, sind die

verschiedentlich anzutreffenden riesigen alten Feigenbäume. Speziell eine Art, der Banyan-Tree, bildet das schönste Beispiel aus dieser Familie: In weiter Ausdehnung erstreckt sich die Krone dieser Riesen, weiträumig unterstützt durch starke Luftwurzeln, die dann den betreffenden Ast wieder abstützen und so den sich flächenmäßig ausbreitenden Baum zu einem großen, ja riesigen Labyrinth machen können.

Der Banyan vor dem Jogi Mahal soll der zweitgrößte Indiens sein, derjenige im Botanischen Garten von Kalkutta der größte, der bei einem Alter von etwa zweihundert Jahren einen Durchmesser von circa 400 Metern aufweist.

Von wunderbarer, seltener Schönheit ist aber ein Baum, der mit herrlichen feuerroten Blüten geradezu überladen ist, die Flame of the Forest. Diese Blütenpracht konnten wir allerdings noch nicht in Ranthambore, ihren Beginn aber bereits Ende Februar in Kanha bewundern.

Der nächste Tag sah uns mit dem Auto wieder auf den Straßen Indiens. Vorher waren wir noch in Sawai Mathopur zu einem Arzt gegangen. Schon die ganze letzte Woche hatte ich unerträglichen Husten und Schmerzen im Lungenbereich gehabt. Wir befürchteten eine Lungenentzündung. Der Arzt, zufällig ein Lungenfacharzt und daher sehr kompetent, stellte jedoch nur eine starke Bronchitis fest, die er nun durch die üblichen Breitband-Antibiotika bekämpfen wollte. Wir unterhielten uns und erfuhren, dass er in England studiert habe. Für seine Bemühungen wollte er ganze 30 Rupien haben, das waren umgerechnet noch nicht einmal zwei D-Mark. Ob dies ein Spezialpreis für arme europäische Touristen sei, fragte ich, was er lachend bejahte, man helfe den Kranken eben auf vielfältige Weise.

Kurz vor Agra sahen wir am Rande der Fahrbahn vier Lippenbären kurz hintereinander. Ihre Schnauze war jeweils zugebunden, durch die Nase lief eine Führungsleine, die der Führer in der Hand hielt. Auf seine Kommandos richteten die Bären sich auf und „tanzten" zu den ruckartigen Leinenbewegungen, wie wir im Vorbeifahren feststellen konnten. Wie wir später auf unsere Erkundigungen hin erfuhren, ist dies schon seit längerer Zeit verboten, doch wird das Verbot nicht durchgesetzt. Die ländliche Bevölkerung kennt bestimmte Plätze in den Wäldern, wo Lippenbären immer wieder hinkommen, wenn die Baumfrüchte reif sind und in Gärung übergehen. Dort bemächtigt man sich der Jungtiere und verkauft sie an die herumziehenden Bärenführer, die mit den Tieren schaustellernd und bettelnd ihren Lebensunterhalt bestreiten. Für die Bären ist dies ein böses Los. Es erinnert an die – vor allem in der Vergangenheit – in Osteuropa anzutreffenden „Tanzbären". Dies waren gefangene Braunbären, die unter ähnlichen Umständen von Zigeunern (Sinti und Roma, die ja vor etwa tausend Jahren aus dem nordwestlichen Indien kamen) gehalten wurden und denen auf heißen Blechplatten das „Tanzen" beigebracht wurde.

Auch für eine naturkundlich orientierte Reise wie die unsere war Agra eine Zwischenstation, die man nicht unbesichtigt hinter sich lässt. Dort steht das Taj Mahal, das für viele Menschen – und so auch für mich – schönste Bauwerk der Welt. Es ist ein Traum aus weißem Marmor und in Intarsien-Arbeit eingelegten Halbedelsteinen. Es sind farblich sehr unterschiedliche Steine – meine Frau erinnerte diese Farbenpracht an das Gefieder eines Pfaus. Durch die ausgeklügelt angefertigten Gitterwände wird der Lichteinfall in die Haupthalle unter der Hauptkuppel geregelt. Schah Jahan hat es 1631 bis 1653 unter Einsatz von bis zu 20.000 Arbeitern als absolut symmetrisches Grabmal für seine Lieblingsfrau Mumtaz Mahal bauen lassen, nachdem sie bei Geburt ihres vierzehnten Kindes starb. Die vier Minarette an den Ecken des quadratischen Platzes sind alle etwas nach außen geneigt, damit sie beim Umstürzen nach außen fallen und nicht das Mausoleum beschädigen können. Schah Jahan plante, für sich selbst genau dasselbe Gebäude aus schwar-

zem Marmor gegenüber dem Taj Mahal erstellen zu lassen, was ihm aber von seinem Sohn und Nachfolger unter der Begründung der Erschöpfung der Staatsfinanzen verwehrt wurde. Nach dem To-de Jahans wurde er selbst auch im Taj Mahal beigesetzt. Seine prunkvolle Sarg-Nachbildung in der Haupthalle fiel etwas größer aus als die seiner Frau daneben, und ist dadurch das einzige Element, das die Symmetrie des Bauwerkes stört. Die echten Särge sind in der Gruft direkt darunter aufgestellt.
Einige der Besucher probierten das Echo aus, das in der Tat beein-

druckend ist. Als unser Führer mit einer kleinen Taschenlampe kurz ein Detail einer Einlegearbeit anstrahlte, erntete er den erbosten Kommentar eines Aufpassers. Eine echte Gefahr des Bauwerks jedoch geht von den Betrieben in der Nähe aus, die Koks verfeuern und dadurch, ebenso wie die unzähligen Kraftfahrzeuge, mit ihren Emissionen den Marmor angreifen. Leider hatten wir nicht mehrere Tage eingeplant, um das Taj Mahal auch bei den Sonnenständen morgens und abends anzusehen; in einer klaren Nacht bei Vollmond soll das Bauwerk am eindrucksvollsten wirken. Ich war durch meine Bronchitis so mitgenommen, dass ich weitere Besichtigungen nicht mehr durchstehen konnte. Nach einem zweiten Arztbesuch und zusätzlichen Medikamenten legte ich mich daher ins Hotelbett, während meine Frau allein das Rote Fort besichtigte. Sie fand auch dieses Bauwerk sehr imposant, viel beeindruckender als das Rote Fort in Delhi. Auf andere Weise interessanter fand sie jedoch einen ebenfalls besichtigten Kunsthandwerksbetrieb, der sich auf das Marmorschleifen und Einlegen von Halbedelsteinen spezialisiert hatte und als reiner Familienbetrieb vom Vater und seinen sechs Söhnen betrieben wurde.

Von Agra flogen wir nach Khajuraho, ein kleines Dorf nur, aber die vielleicht bekannteste Stätte indischer Tempel, die alle um die vorige Jahrtausendwende gebaut wurden. Nur noch etwa zwei Dutzend aus der ursprünglich vielfachen Anzahl sind erhalten geblieben, darunter aber sicherlich die Schönsten. Sie belegen vor allem den hohen Stand indischer Bildhauerkunst. Sie sind außen von zahllosen Skulpturen geschmückt und stellen auch die erotische Seite der indischen Götter- und Menschenwelt dar mit bezaubernden Szenen von Liebespaaren. Dies ist wahrscheinlich nichts für Moralisten, für einen lebensfrohen und kunstsinnigen Menschen aber eine Augenweide.

Von unserem dortigen Führer wurden wir durch das eigentliche Dorf geleitet, aus dem er selbst stammte. Hier sahen wir, wie die Leute aus verschiedenen Kasten im Dorf lebten. Die besten Lehm- und Steinhütten beziehungsweise Häuser besaß die oberste Kaste der Brahmanen, obwohl sie nach unseren Verhältnissen sehr ärmlich leben. Andere Gassen des Dorfes wurden von den niedrigeren Kasten bewohnt beziehungsweise von Mohammedanern und Kastenlosen (Dalits), wobei die betreffende soziale Gruppe beziehungsweise Religion mehr oder weniger beisammen wohnt. Vor den Hütten angebundene Milchkühe gehörten offensichtlich den „reichen" Leuten beziehungsweise höheren Kasten, die frei herumlaufenden Schweine werden nur von Dalits gehalten und gegessen. Kasten-Hindus essen – wenn sie überhaupt Fleisch zu sich nehmen – weder Kühe noch Schweine, sondern Geflügel, Schaf, Ziege und Fleisch des domestizierten Wasserbüffels, während für Mohammedaner bekanntlich das Schwein tabu ist.

Nach diesen vielfältigen neuen Eindrücken ging es anderntags wieder mit dem Ambassador und Fahrer auf die Strecke. Der Ambassador ist der indische Nachbau eines inzwischen etwa 45 Jahre alten englischen PKW-Modells, wird immer noch gebaut, und ist immer noch der dominierende Personenwagen auf indischen Straßen. Nach einer kleinen Tagesreise kamen wir am Spätnachmittag im Nationalpark Bandhavgarh an.

Elefanten-Taxi zur Tiger-Show

Bandhavgarh / Zentralindien

Bandhavgarh war früher ein Jagdgebiet des Maharadschas von Rewa, der auch ziemlich dicht vor dem Parkeingang eine eigene Hunting Lodge unterhielt. Sie wird heute privat betrieben; man kann seinen Aufenthalt auch dort buchen. Leider war uns das vorher nicht bekannt, deshalb waren wir weiter weg in einer anderen Lodge untergebracht.

Ähnlich wie Ranthambore ist auch Bandhavgarh ein bekannter Park, bei dem man mit einiger Wahrscheinlichkeit bei mehrtägigem Aufenthalt einen Tiger zu Gesicht bekommt. Auch die Größe des Parks ist mit der von Ranthambore vergleichbar: Insgesamt über 400 Quadratkilometer (neuerdings erweitert), wovon die ursprüngliche Kernzone etwas über 100 Quadratkilometer umfasste. Und leider ist es dort fast noch schlimmer mit den Autorennen auf der Jagd nach einem Tigeranblick: Die Fahrer versuchen möglichst schnell alle Wege abzufahren, um frühzeitig einen Tiger zu entdecken beziehungsweise sich zu den stehenden Wagen oder Reitelefanten zu gesellen, die bereits einen Tiger entdeckt haben. In Bandhavgarh ist es so, dass schon früh morgens ein Suchkommando von Mahauts mit ihren Elefanten ausziehen, um mit Hilfe von Spuren, Warnrufen von Hirschen, Muntjaks, Affen, Pfauen und anderen Vögeln sowie anwartenden Geiern einen Tiger bei seinem Riss ausfindig zu machen. In kurzer Entfernung davon stehen dann auf dem nächsten Weg die Reitelefanten bereit, auf die man vom Auto aus hochsteigt. Dieses „Elefantentaxi" bringt die Besucher zu dem meist bei seiner Beute ruhenden Tiger, den man vom Elefantenrücken aus kurz beobachten und fotografieren kann, bevor es wieder zurückgeht, damit auch andere Besucher diese Möglichkeit erhalten. Aus diesem Grund fuhren wir ziemlich schnell über die Wege, ohne dass der Führer dem Fahrer gegenüber auf der vorgeschriebenen Höchstgeschwindigkeit bestand. Bereits nach einer halben Stunde sahen wir vor uns zwei Jeeps stehen, von denen aus die Leute eine große, dem Waldrand vorgelagerte Grasfläche beobachteten, in der sich Tiger befinden sollten. Wir gesellten uns dazu und konnten mit einiger Mühe ebenfalls drei Tiger ausfindig machen, die sich im hohen Gras niedergelassen hatten. Dort waren sie meist ziemlich verdeckt, und nur durch ihre Bewegungen oder ihren erhobenen Kopf zu erkennen. Unser Guide erzählte uns, dass es drei männliche Tiger seien, drei Brüder im Alter von 27 Monaten, von denen man auch das Elternpaar kenne. Während wir beobachteten und versuchten, einige Aufnahmen zu machen, fing es an, leicht zu regnen. Das schien den drei Großkatzen nicht zu gefallen, sie erhoben sich und zogen von der Grasfläche hinein in den schützenden Dschungel, wo sie sich alsbald unseren Blicken entzogen.

Nach diesem viel versprechenden Anfang ging es mit hohen Erwartungen am Nachmittag wieder mit dem Jeep hinaus, Lkws wie in Ranthambore wurden nicht eingesetzt. Ich sagte diesmal unserem Führer gleich – die Guides werden jedes Mal gewechselt – dass wir langsam fahren sollten und auch andere Tiere, zum Beispiel Gaurs sehen wollten. Er informierte uns, dass die kleine Gaur-Herde, die früher in Bandhavgarh lebte, vor ein paar Jahren weggezogen sei und in Kanha wieder aufgetaucht wäre. Diese beiden Parks auf dem zentralindischen Hochland sind nicht allzu weit voneinander entfernt und durch eine landwirtschaftlich genutzte Gegend mit immer wieder eingesprengten Waldgebieten verbunden. Im Gegensatz zu

Bandhavgarh verfügt Kanha über das hügelige Gelände, das von den Gaurs bevorzugt wird. Beim langsamen Weiterfahren sahen wir eine Rohrkatze, die einem Wechsel in das hohe Riedgras folgte. Nicht weit entfernt gruppierten sich vier Reitelefanten im Rohr. Dort hielten wir lange und suchten das Gelände mit dem Fernglas genau ab, sahen aber weder Tiger noch anderes Wild. Erst gegen 17 Uhr zeigte sich dann ein Tiger, der im Grase geruht hatte und nun aufstand, um in den Dschungel zu ziehen. Ob es sich um einen männlichen Tiger oder eine Tigerin handelte, konnte man infolge der großen Entfernung und nur teilweisen Sichtbarkeit nicht erkennen. Da dies die Gegend war, wo wir zuvor die drei Jungen gesehen hatten, hätte es entweder das dominante der drei männlichen Jungen sein können, das dabei war, sich als erster selbstständig zu machen, oder seine Mutter, der man den Namen Sita gegeben hatte.

Eine halbe Stunde später und nur etwa einen halben Kilometer von dieser Stelle entfernt, sahen wir vom gegenseitigen Wald einen viel größeren männlichen Tiger herauskommen. Er überquerte die Fahrspur zwischen den Jeeps und begab sich zu einer Wasserpfütze zwischen Fahrweg und Röhricht, wo er trank. Daraufhin verschwand er im hohen Riedgras. Wie wir später hörten, war dies der Vater der Jungen, in dessen Territorium die Tigerin mit ihrem Nachwuchs lebte. Der Name, den dieser Tiger erhalten hatte war Charger, weil er einmal einen Jeep angriff, der ihn zu sehr bedrängt hatte.

Inzwischen war es kurz vor 18 Uhr geworden und wir mussten uns beeilen, um noch rechtzeitig den Park verlassen zu können.

Kurz vor dem Parkeingang, sozusagen am Ende des kleinen Dorfes Tala, liegt die schon genannte ehemalige Hunting Lodge des Maharadschas von Rewa. Daneben befindet sich ein kleines Privatmuseum von ihm. Dies schauten wir nun an, nachdem es gelungen war, den zuständigen Betreuer desselben aufzutreiben. Er erläuterte uns die ausgestellten Utensilien, vor allem alte Jagdwaffen, und machte uns auf ein altes verstaubtes Tiger-Präparat aufmerksam. Dieses Exemplar eines weißen Tigers wurde 1931 hier geschossen. Der bekannteste weiße Tiger, Mohan, befindet sich im anderen Museum des Maharadschas in Rewa. Interessant ist B. Seshadris kurze Schilderung des Vorkommens von weißen Tigern (Zitat C3): „Weiteren Ruhm erhielt Rewa durch die Familie von weißen Tigern, die durch Mohan gezeugt wurde. Mohan wurde 1951 als Jungtier in den Wäldern Rewas eingefangen und vom Maharadscha behalten.

In den vergangenen fünfzig Jahren wurden acht Fälle von weißen Tigern in den Palast-Aufzeichnungen dokumentiert, aber es war dieses Jungtier [Mohan], das der Vorfahre einer nun in den Zoos der Welt weit verbreiteten Familie von weißen Tigern wurde.

Der weiße Tiger ist kein Albino, sondern eine bezaubernde Laune der Natur, durch welche das normale goldene Fell des Tigers in weiß oder blau-weiß verändert wird. Die Streifen sind wie gewöhnlich vorhanden, tendieren aber dazu, aschgrau statt wie gewöhnlich schwarz zu sein. Sie sind nicht auffallender als schwarze Streifen, da die hellfarbigen Streifen auf dem blassen Untergrund eine solche Wirkung nicht zulassen.

Die Tiger haben blaue Augen, sie sind die Blonden in der Welt der Tiger."

Wir hatten schon einen lebenden weißen Tiger im Zoo von Delhi gesehen, ich das Jahr zuvor im Zoo von Madrid auch ein anderes weißes Exemplar, das aus der Zucht der Mohan-Nachkommen in den USA stammte. Die große Raubkatze in dieser Farbvariante zu sehen ist ein erstaunlicher, aber auch seltsamer, unnatürlicher Anblick. Wenn der Mensch nicht eingreifen würde, würde die Natur solche „Fehlfarben" bald wieder ausmerzen.

Am nächsten Vormittag nahmen wir unseren Fahrer, der uns nach Bandhavgarh gebracht hatte und uns auch anschließend nach Kanha bringen sollte, in unserem Jeep mit in den Park. Wir fuhren langsam und sahen und beobachteten mit der Nahrungssuche beschäftigtes Friedwild, wie Hirsche, Wildschweine und Affen. An zwei Stellen standen Jeeps, und ein Beamter der Forstverwaltung dirigierte mit einem Walkie-Talkie den Einsatz von Reitelefanten zur „Tiger-Show". Das heißt, in diesem Dschungel-Block waren Tiger ausfindig gemacht worden, zu denen die Elefanten die Besucher hinführten. An einer der beiden Stellen reihten wir uns unter den Wartenden ein und bestiegen dann zusammen mit unserem vorerwähnten Fahrer unser Reittier. Der Mahaut brachte uns in ein größeres Bambusdickicht, wo eine Tigerin, größtenteils verdeckt, gut getarnt und im Schatten ruhte. Ganz in der Nähe lag ihr

schon teilweise verzehrtes Beutetier, ein junger Sambar. Das von mir vom Elefantenrücken aus in nur etwa sechs Metern Entfernung aufgenommene Bild zeigt, wie unglaublich wirkungsvoll die Tarnung funktioniert im Zusammenspiel zwischen Bambus, dem gestreiften Tigerfell und dem Spiel von Licht und Schatten. Ginge man in dieses Dickicht, könnte man fast auf die ruhende Tigerin stoßen, ohne sie vorher zu bemerken. Den Nachmittag nutzten meine Frau und ich, indem wir einen Elefanten mieteten, um durch die Bambusdickichte zu stöbern. Der Mahaut führte uns zwei Stunden lang durch einen abgelegenen hügeligen Bereich, in dem wir auf Sambar, Axis, Muntjak und Hanuman-Languren stießen. Zwei Mal ließ ein Muntjak seine Warnung ertönen, aber so sehr wir auch suchten, wir konnten weder Tiger noch Panther ausfindig machen.

Als wir am nächsten Morgen mit unserem Jeep, aber mit neuem Fahrer und Guide in den Park fuhren, fing der Fahrer sofort an zu rasen. Diesmal platzte mir der Kragen und ich sagte den Indern unmissverständlich, dass ich mich weder an einer Jagd auf den Tiger beteilige, noch die Hauptwege benutzen wolle. Ich bat sie, nicht nur gemächlich zu fahren, sondern auch Nebenwege zu berücksichtigen, wo abseits der bekannten Tigervorkommen jetzt am frühen Morgen auch die Chance bestünde, einen Lippenbären oder Leoparden zu sehen. Innerlich wohl etwas murrend taten sie das, indem sie einen noch nie von uns benutzten Seitenweg dicht an der Parkgrenze einschlugen.

Es waren noch nicht einmal zehn Minuten vergangen, als der Guide plötzlich nach links eine kleine Anhöhe hinauf deutete und „Leopard" rief. Und tatsächlich, etwa achtzig Meter entfernt, sah man einen großen Panther mit dickem Kopfe auf dem felsigen Hügelkamm sitzen, ein Männchen. Er zog sich etwas hinter den Kamm zurück, woraufhin ein anderer Panther mit einem viel grazileren Körper auftauchte, ein Weibchen. Sofort gesellte sich das Männchen zu ihr. Sie waren offensichtlich in der Ranz, wir konnten nun beide bewundern.

Während ich ein paar Aufnahmen machte und mich ärgerte, weil  ich nicht eine größere Brennweite zur Verfügung hatte, fing plötzlich im Dickicht zwischen uns und den Panthern ein für uns zunächst nicht sichtbarer Muntjak zu bellen an, der die Panther entdeckt hatte. Sehr treffend heißt der Muntjak mit seinem zweiten deutschen Namen daher Bellhirsch. Als Reaktion auf diese Bell-Kanonade zog das Panther-Pärchen auf dem Hügelkamm weiter, wo sie meistens verdeckt, aber immer wieder einmal zu sehen waren. Wir folgten den beiden auf unserem Fahrweg, indem wir rückwärtsfuhren. Als wir in die Nähe des Muntjaks kamen, verstummte dieser und sprang ab. Wir bekamen das Panther-Pärchen noch einmal kurz zu Gesicht, verloren sie dann aber nach insgesamt etwa fünfzehn Minuten endgültig aus den Augen.

Dies spielte sich in der Zeit zwischen sieben und halb acht Uhr ab. Der Guide erläuterte uns, dass diese Stelle ziemlich nahe der Tiger Trails Lodge war, in der wir untergebracht waren. Dazwischen lag die Parkgrenze, über die die Panther natürlich hinausgingen, um auch ganz in der Nähe der menschlichen Ansiedlungen, das heißt des Dorfes und der Lodge, zu jagen, wie wir das von unserer Lodge bei Ranthambore kannten.

Nach dem Anblick der ranzenden Panther – außerhalb der Ranz würde man ein erwachsenes männliches und weibliches Tier nur selten zusammen sehen – folgten wir dem abgelegenen Fahrweg auch weiterhin, der uns in einem großen Bogen wieder in einen bekannten Parkteil führte. Was wir hierbei gut beobachten konnten, waren die scheuen roten Bankivahühner. Man meint wirklich, Haushühner vor sich zu haben, wenn man die Hennen um den Hahn herum eifrig nach Nahrung kratzen sieht. In der Tat stammen unsere Haushühner auch von ihnen ab. Wenn man ihnen im Dschungel zu nahe kommt, laufen sie schnell und leichtfüßig weg und bringen sich in Deckung, fast nie fliegen sie auf.

In dem bekannten Parkteil erfuhren wir, dass wieder Tiger erkundet wurden. Wir fuhren zu der angegebenen Stelle und ordneten uns in die wartenden Besucher ein. Schon in den Vortagen war uns aufgefallen, dass ein Kameramann mit großer und schwerer Profiausrüstung – man hörte, er sei von der BBC – ebenfalls unterwegs war. Er hatte sowohl einen speziellen Jeep, als auch den besten Reitelefanten ganz für sich allein, und überall Vorrang beim Zugang beziehungsweise bei der Zufahrt zu den Orten des Geschehens, um seinen Film ungestört in den Kasten bringen zu können.

Schließlich kamen wir aber auch an die Reihe und hatten wiederum aus nur kurzer Entfernung gute Sicht auf die Szene: Ein Sambar war erbeutet worden; bei der Beute befanden sich zwei Tiger. Einer der Jungtiger war mit Fressen beschäftigt, ein anderer lag ein paar Meter abseits und war auf der Hut, damit diese lästigen plumpen Elefanten ihm nicht auf die Pfoten traten. Der Dritte im Bunde war nicht anwesend, entweder ging er schon seine eigenen Wege, oder er war mit der Tigerin, seiner Mutter, unterwegs. Natürlich war ein solches Eindringen mit Hilfe der Elefanten in die Privatsphäre der Tiger eine Belästigung für diese, doch für die Parkverwaltung sind dies zusätzliche Einnahmen.

Nach dieser Logik müssen die hier lebenden Wildtiere zu ihrem Lebensunterhalt beitragen, aber das natürliche Verhalten der Tiere wird dadurch vermutlich behindert.

Während des restlichen Tages sahen wir keine Großtiere, lediglich zwei Goldschakale und kurz einen Muntjak am Wasserloch. Dort konnten wir auch etwas weiter weg einen balzenden und Rad schlagenden Pfau beobachten.

Der nächste Vormittag brachte uns eine überraschende, wenn auch nur kurze Begegnung: Als wir auf unserem Fahrweg im Dschungel plötzlich scharf nach links bogen, hatten wir vor uns eine kleine Lichtung, an dessen Rand ein starker Baum stand. Um den Baum herum liefen zwei Wildschweine, vorneweg eine offensichtlich rauschige Bache, dicht gefolgt von einem riesigen Keiler. Der Keiler ließ sich durch uns nicht im Geringsten ablenken, der Bache war unsere Anwesenheit aber anscheinend unerwünscht. Oder aber sie nahm unser Erscheinen zum Anlass, die muntere Verfolgungsjagd etwas zu unterbrechen und die Pläne des Keilers zu durchkreuzen. Jedenfalls verschwand sie nach erfolgter Umrundung des Baumes schnurstracks im Dickicht, verfolgt von dem nicht locker lassenden Keiler. Das war der bislang stärkste Keiler gewesen, den wir in Indien gesehen hatten. Ich schätzte sein Gewicht auf mehr als 150 kg. Obwohl die Entfernung nur wenige Meter betrug, ging alles so schnell vonstatten, dass es unmöglich war, ein brauchbares Foto zu machen.

Etwas gewöhnungsbedürftig war für mich, dass die Sauen hier im heißen Klima kaum Haare auf der Schwarte hatten, wohl aber einen Kamm aus steifen Borsten vom Genick bis zum Körperende. Deshalb nennt man diese indische Unterart auf Deutsch auch Kammschwein. Die in nördlicheren und kälteren Gegenden lebenden, etwas größeren Unterarten der Wildschweine tragen ein dichtes Haarkleid und lange Borsten, wodurch sie nochmals größer erscheinen.

Auch unsere nächste Begegnung, wiederum mit einem Muntjak, entwickelte sich wie üblich mit diesen scheuen Waldbewohnern: man sah ihn nur verdeckt und nur kurz, anschließend nur von hinten, wie er im nächsten dichten Busch untertauchte.

Etwas interessanter und unterhaltsamer war es dann, als wir an einem großen Baum vorüber kamen, der voller Früchte hing. Wir hielten etwas abseits an, denn der Baum steckte voller Rhesusaffen, die unter viel Lärm und Geschrei ein großes Erntefest abhielten. Jeder versuchte, eine begehrenswerte Frucht einzuheimsen. Wenn ein kleinerer Bursche sich schon im Besitz einer solchen wähnte, wurde er manchmal von einem größeren am Schwanz weggezogen; bevor der Verdutzte reagieren konnte, hatte der Räuber die Frucht schon in der Hand und entfernte sich wieder. Das wütende Protestgeschrei nützte nichts mehr.

Auf dem Wege zurück zum Parkeingang sahen wir an zwei lichten
Stellen je einen Indischen Schlangenhabicht. Jeder von ihnen saß
aufmerksam auf seinem Baum, die Umgebung musternd.
Wir konnten nochmals Bankivahühner beobachten und sahen die
frische Spur einer Tigerin sowie Kratzspuren an Bäumen von Tiger
und Lippenbär. In unserer bislang recht beeindruckenden Samm-
lung des bereits Gesehenen war es der Lippenbär, der uns noch
fehlte. Da musste man allerdings, wie uns immer wieder gesagt
wurde, viel Glück haben; Lippenbären seien extrem scheu, nachtak-
tiv und nur am frühen Morgen oder späten Abend zu sehen.

Die Nachmittagstour verwendete ich ausschließlich zum Ansitz im
Jeep an zwei Wasserlöchern. Zum ersten Wasserloch, an dem wir
etwa eineinhalb Stunden blieben, kamen nur Axishirsche und eine
Horde Hulmans, die nicht nur tranken, sondern auch den mineral-
haltigen Ton aufnahmen.
Am zweiten Wasserloch, an dem noch vor kurzem ein Tiger gese-

hen wurde (man sagte uns, dies sei Charger gewesen), saßen wir bis Ende der Besuchszeit an. Einen Tiger sahen wir zwar nicht, wohl aber vier Tierarten zusammen am Wasser: einen jungen Sambar-Hirsch, weibliche Axis-Hirsche, einen Hulman und einen Pfau.

Bezüglich der folgenden sechs Tiger, von denen wir die meisten in diesem Park gesehen hatten, möchte ich noch nachtragen (Stand 2011), wie sie zu Tode gekommen sind: Charger starb noch 2000 an Altersschwäche, einer seiner Söhne starb durch Stromschlag, ein anderer (wie auch Sita, seine Mutter) wurde gewildert. Die andere Tigerin (die Tochter von Sita) starb an den Verletzungen eines Verkehrsunfalls, der letzte Sohn Chargers (genannt B2, der stärkste Tiger des Parks) wurde von Bauern getötet. Man sieht, auch wenn man mit viel Aufwand und politischem Willen Schutzgebiete einrichtet, bleibt der erwartete Erfolg aus, wenn man die Schutzbestimmungen nicht hart durchsetzt.

Am nächsten Tag war Abreisetag. Mit dem Fahrer und seinem Ambassador, mit dem wir angekommen waren, fuhren wir quer durch das Land weiter nach Kanha. Das war wieder ein ländliches Stück Indien in seiner bunten Vielfalt und mit vielen Mango-Plantagen.

Land des Dschungelbuchs

Kanha / Zentralindien

Am Nachmittag waren wir bereits im Kipling-Camp bei Kanha angekommen. Die Namensgebung erfolgte in Anlehnung an Rudyard
Kipling, der sein Dschungelbuch zwar nicht hier schrieb – das tat er
in den USA – aber es in dieser Gegend spielen ließ.
Wir brachten schnell unsere Sachen in das uns zugewiesene Zimmer und fuhren dann gleich mit den anderen Besuchern in Jeeps
hinaus in den Park für die Nachmittagstour.
Schon nach den ersten Metern merkte man, dass die Vegetation hier
viel dichter war als zum Beispiel in Ranthambore, die Sichtweite
also wesentlich beschränkter. Auch Kanha verfügt über etliche hügelige Teile im Parkgelände, wenn auch nicht in dem Maße, wie
dies bei Ranthambore der Fall war; auch dessen imposante Felswände und große schöne Seen fehlen in Kanha. Es ist mit circa
zweitausend Quadratkilometern einschließlich Pufferzone um ein
Vielfaches größer als Ranthambore, wobei aber nur ein Teil des
Parkes für Touristen geöffnet ist.

Wie wir bald feststellten, waren außer uns nur Engländer im Camp
anwesend, die eigentlich alle ein Hauptinteresse an Vögeln hatten,
um nicht zu sagen waschechte Ornithologen waren. Und es waren
auch ausnahmsweise Vögel, die wir an diesem Nachmittag zu Gesicht bekamen und bei denen wir verweilten. Es waren kleinere Vögel, die zwar auch schön anzusehen sind, für die ich aber nicht ganze Tage meines mehr oder weniger kostbaren Aufenthaltes opfern
wollte, um bis zum Letzten die Nuancen ihres Federkleides und ih-

res Gesanges zu studieren. Man schwärmte zwar noch von dem Tigeranblick, den man während der Vormittagstour gehabt hatte, doch
es wurde meiner Frau und mir schnell klar, dass Säugetiere wohl
viel schwerer zu sehen sein würden als in den beiden letzten von
uns besuchten Parks.

Abends überlegten wir uns eine Strategie der Aufteilung: in einen
Jeep die „birders", in den anderen die „mammalists", damit jeder
der Besucher die Zeit vorwiegend für sein Hauptinteresse verwenden konnte. So schlugen wir es dann jeweils vor und so funktionierte es auch einigermaßen, nachdem unser Lager eine Verstärkung
durch ein neu ankommendes amerikanisches Pärchen erhalten hatte.
Ein anderer Umstand beim Kipling Camp fiel uns ebenfalls auf.
Kein einziger indischer Besucher wohnte hier. Wie wir schon von
indischer Seite gehört hatten, wurde auf indische Gäste kein Wert
gelegt. Das hatten wir vor unserer Buchung nicht gewusst. Es ist
praktisch ein englisches Urlaubscamp, das sich in Indien befindet,
und in das sich außer Engländern ab und zu auch mal ein anderer
Westeuropäer oder Amerikaner verirrt. Doch wenn deshalb auch
unter den Gästen die Vielfalt fehlte, so muss man doch sagen: das
Camp war gut, das Personal freundlich und aufmerksam, das englische Essen erinnerte ein bisschen an Indien und die englischen Besucher waren alles reizende, umgängliche und aufgeschlossene
Leute. Außerdem hatte das Camp etwas, was die anderen uns bekannten Lodges nicht hatten: einen eigenen Elefanten. Sie war eine
mittelalte Elefantendame und trug den Namen Tara. Tara war ursprünglich ein Bettelelefant, der von Mönchen für ihre Betteltouren
eingesetzt wurde. Dort ging es ihr anscheinend nicht so gut. Dies
änderte sich dann, als Tara von einem Engländer gekauft wurde, der
mit ihr eine größere Tour durch Indien unternahm und darüber ein
Buch schrieb. Danach wurde Tara von Bob Wright gekauft, dem

Inhaber des Kipling Camps, ein Stück alt-ehrwürdiges, noch aus der britischen Kolonialzeit übrig gebliebenen englisches Urgestein. Hier im Camp bestand Taras Aufgabe darin, sich von den Gästen bewundern zu lassen, einige von ihnen nachmittags zum Fluss hinunterzutragen, dort ein Bad zu nehmen, von den Gästen im Wasser geschrubbt zu werden - während der Mahaut zusah statt die Arbeit selbst zu tun - und dann wieder zurück ins Camp zu marschieren.

Nach diesem kleinen Vorgriff auf die Geschehnisse und Umstände im Camp sei nun unser erster Morgenausflug in den Park geschildert. Mit dem Jeep warteten wir bereits vor dem Parkeingang, als dieser um 6.40 Uhr geöffnet wurde. Gegen halb acht Uhr sahen wir unsere ersten indischen Wildrinder: eine kleine Gaur-Herde mit drei Kühen und einem imposanten Bullen im Vordergrund. Der Bulle befand sich meistens in Deckung, doch dicht am Rande des Weges, so dass er für einige Momente fast frei stand und in voller Körpergröße gesehen werden konnte.

Gaurs sind ein wundervoller Anblick: Kälber und Kühe sind braun, alte Bullen schwarzbraun. Die Läufe sind unterhalb des Kniegelenkes rein weiß, wodurch sie eine äußerst elegante Erscheinung bilden.

Der Gaur ist von allen Wildrindern zwar nicht unbedingt das schwerste, wohl aber das größte. Diese Aussage bezieht sich auf seine Höhe am Widerrist, die sogar über zwei Meter betragen kann. Dies ist verständlich, wenn man sich ein Skelett des Gaurs ansieht: An der vorderen Rückenpartie weist die Wirbelsäule ungefähr 40 Zentimeter lange Dornfortsätze auf, die diese enorme Gesamthöhe bedingen. Ein Bulle stellt demzufolge eine respektable Kraftbastion dar. Es obliegt ihm, die Herde gegen den Tiger zu verteidigen, praktisch den einzigen Feind, den die Art außer dem Menschen hat. Trotzdem werden ab und zu Kälber, Kühe und ausnahmsweise auch

einmal ein mächtiger Stier vom Tiger geschlagen.

Im Gegensatz zum Arni, dem wilden Wasserbüffel, lebt der Gaur
gern im bergigen Dschungel, wodurch er mit dem Menschen nicht,
wie dies der Arni tat, um fruchtbares Land in den wasserreichen
Niederungen konkurrieren musste. Daher wurde der Arni in vielen
von ihm vordem bewohnten Gebieten ausgerottet, während vom
Gaur noch Bestände in mehreren seiner Heimatgegenden überleben
konnten. In den von uns bislang besuchten Parks waren wilde Wasserbüffel nicht vertreten, in nennenswerten Bestandszahlen haben
sie in Indien vor allem in Assam, in den Parks Kaziranga und Manas, überlebt.

Auf unserer weiteren Fahrt sahen wir Bankiva-Hühner, dann kamen
wir im Ort Kanha an, dem Zentrum des Parks, das auch über ein
kleines Museum verfügt. Dort erhielt unser Guide die Information,
dass eine Tigerin ausgemacht sei und Elefanten zur Verfügung
stünden. Dies funktionierte wie in Bandhavgarh, doch mit etwas ge-
ringerer Erfolgsquote, bedingt durch Gelände und Bewuchs.
Wir fuhren zu der Stelle, wo die Reitelefanten standen, und stiegen
auf. Nach kurzer Strecke schon brachte uns der Mahaut in ein Dickicht, wo eine Tigerin in guter Deckung, selbst aus so kurzer Entfernung fast unsichtbar, ruhte. Von zwei Seiten konnten wir sie etwa zwei Minuten lang betrachten, dann ging es schon wieder zurück. Es ist erstaunlich, wie gelassen die Tiger aufgrund ihrer posi-
tiven Erfahrung bleiben, auch wenn sich ihnen die Elefanten bis auf
sechs Meter nähern.
Auf dem Rückweg kamen wir an einem Stück Grasland vorbei, das
an einen Sumpf grenzte, der dann wiederum einen kleineren See
umgab. Im Sumpf nahe dem Wasser stand ein Sumpfhirsch, ein
großer, stattlicher Hirsch, der ein zehnendiges Geweih trug. Dieser
Barasingha, manchmal auch als Zackenhirsch bezeichnet, wurde
von uns bereits in Dudwa gesehen und erwähnt.

Die Sumpfhirsche können ein außerordentlich imposantes Geweih schieben, mit bis zu zwanzig Enden. Der indische Name Barasingha bedeutet eigentlich Zwölfender. Deshalb sind sie für mich, der ich den europäischen Rothirsch mit seinem vielendigen Geweih kenne, ein bezüglich des Geweihs interessanterer Anblick als Sambar- oder Axishirsch. Indien beherbergt zwei Unterarten des Sumpfhirsches: den Nordbarasingha (wie er zum Beispiel in Dudwa vorkommt) sowie den Südbarasingha mit Vorkommen in Zentralindien, nämlich hier in Kanha. Die Schalen – wie die Hufe nicht nur der Hirsche, sondern aller Paarhufer bezeichnet werden – des Südbarasinghas sollen angeblich etwas härter sein als die der anderen Unterart. Dies ermöglicht ihm, auch in trockenem Grasland zu überleben. Nachdem der Bestand in Kanha bereits auf eine kleine Zahl gesunken war, fand man endlich heraus, woran das lag. Man siedelte einige Dörfer um und gewann dadurch noch das zusätzlich benötigte Grasland, das vor allem von den Hirschkühen mit ihren Kälbern aufgesucht wurde. Außerdem wurden die im Lebensraum der Sumpfhirsche liegenden Grasflächen nicht mehr abgebrannt. Durch beide Maßnahmen erreichte man, dass sich der Bestand wieder erholte.

Berichtenswert von unserer Parkfahrt am Nachmittag ist eigentlich nur, dass wir das erste Mal eine größere Gaur-Herde sahen, die schätzungsweise dreißig oder mehr Tiere umfasste, großflächig verteilt. Die Gaurs befanden sich etwa 100 Meter tief im Busch, und man sah meistens nur dann Teile ihrer Körper, wenn sie sich beim Äsen umstellten.

Am nächsten Morgen ging es endlich wieder mit einem Reitelefanten hinaus auf die Pirsch. Wir mussten zunächst vom Parkeingang ins Elefantencamp hinüber laufen. Dort sahen wir drei Elefanten, die für uns zur Verfügung standen. Darunter befand sich ein riesiger Bulle, der uns schon am Vortag aus dem Jeep heraus aufgefallen

war. Auf diesen Bullen kletterten wir und machten es uns auf der
Howdah bequem. Es war erst kurz nach sechs Uhr und noch ein
bisschen dämmrig. Jeder Mahaut schlug seinen eigenen Weg ein,
wobei wir gleich in ein Ried eindrangen. Ich sah eine Bewegung
und konnte eine Rohrkatze erkennen, die im Riedgras verschwand.
Auf dem Elefanten kamen wir durch ziemlich wildes Gelände
abseits der Fahrwege, wobei wir diese aber auch einige Male kreuz

ten. Da sich zunächst außer einigen Vögeln nichts zeigte, nutzte ich
die Gelegenheit, den Mahaut nach der Größe seines Bullen auszu-
fragen. Er sagte mir, die Schulterhöhe sei genau elf Fuß, was umgerechnet 3,35 Meter ausmacht. Dies ist für einen indischen Elefantenbullen geradezu ein Rekordmaß.
Der größte mir bekannte afrikanische Elefant – so erinnerte ich
mich hierbei – war ein im Widerrist 4,20 Meter hoher Bulle der
Wüstenelefanten im Damaraland, das im Nordwesten Namibias

liegt und an Angola grenzt.

Kurz darauf stießen wir auf eine kleinere Herde Gaur, meist Kühe, einige Kälber und als Seitenabschirmung zu uns, so kam mir das vor, ging ein Bulle. Einen Teil der Herde konnte ich diesmal von oben herab fotografieren. Näher als circa zehn Meter ließen die Gaurs die Elefanten – inzwischen war auch ein zweiter Reitelefant zu uns gestoßen – nicht kommen, dann zogen sie wieder ein paar Schritte weiter.

Auf dem Heimweg, kurz vor dem Elefanten-Camp und gegen zehn Uhr, sahen wir drei Rothunde, wahrscheinlich die letzten Tiere ei-

nes größeren Rudels, das gerade von einer Jagd zurückkam. Es gelang mir, einige Aufnahmen zu machen, bevor die gefürchteten Räuber, die in einem großen hungrigen Rudel selbst einem Tiger gefährlich werden können, im Buschwerk verschwanden.

Als wir von der Howdah abgestiegen waren, machten wir von unserem riesigen Reittier noch ein paar Bilder. Wie sich nachher herausstellte, war dies bei weitem der größte Elefant, den wir während unseres Aufenthalts in Indien zu Gesicht bekamen. Am Abend erfuhren wir dann in der Kipling-Lodge, dass dieser Bulle vor einigen Jahren seinen damaligen Mahaut während der Musth getötet haben soll.

Die Musth ist ein Zustand, dem vor allem Bullen unterworfen sind: Die Schläfendrüsen sondern ein Sekret ab, das Tier kann reizbar und aggressiv werden, der Sexualdrang und die Kampfbereitschaft mit anderen Bullen um brunftige Elefantenkühe nimmt zu, manchmal werden auch Bäume malträtiert. In der Regel werden Bullen während dieser Zeit, wenn der Mahaut sich des Tieres nicht absolut sicher ist, angekettet.

Eine andere Geschichte, die schon früher in Kanha passiert ist, konnten wir nachlesen: Ein Bulle kam gerade in seine Musth, als die Forstverwaltung den Mahaut zur Aushilfe in einen anderen Park abordnete. Der Ersatzmahaut wurde des Tieres nicht Herr, das sich von seiner Kette losriss und in den Wald zog. Er belästigte andere Elefanten, rammte einen Stoßzahn in einen Stamm, tat sich mit anderen Bullen zusammen und überfiel eine Forstarbeiter-Hütte im Wald, wo einer der drei Insassen getötet wurde. Erst dann holte die Forstverwaltung seinen Mahaut zurück, dem es gelang, den Bullen wieder unter Kontrolle zu bringen.

Etwas anderes fiel mir beim Anblick des riesigen Elefantenbullen ein. Es handelt sich um eine Beschreibung von E.P. Gee über das Verhalten, das ein ebenfalls großer Elefantenbulle gegenüber angreifenden Nashörnern zeigte (Zitat E5):
„Einen berühmten Reitelefanten, den wir in Kaziranga während vieler Jahre hatten, war der große Stoßzahnträger Akbar. ... der normalerweise (aber nicht immer!) seinen Platz in Anwesenheit einer ärgerlichen Nashorn-Kuh mit ihrem Kalb standhaft behauptete. In der

Tat hatte Akbar verschiedene Male mit einem angreifenden Nashorn gekämpft, indem er niederkniete, den Rüssel einwärts eingerollt, um den Angriff aufzufangen, wie es Elefanten in dieser miss-
lichen Lage zu tun pflegen.

Wegen seines viel größeren Gewichtes kann ein geschulter erwachsener Elefant leicht dem Ansturm eines Nashorns widerstehen, sollte dieses den Angriff tatsächlich durchführen, was selten geschieht.
Aber es besteht immer die Gefahr, dass der Elefantenrüssel als außerordentlich empfindliches und verwundbares Organ durch die
Schneidezähne des Nashorns aufgeschlitzt wird. Ich erinnere mich,
dass Akbars Rüssel bei einer solchen Gelegenheit böse aufgeschnit-
ten wurde, aber glücklicherweise in kurzer Zeit wieder verheilte."

Wie so oft, war die Ausbeute der nachmittäglichen Parkfahrt etwas
mager: wir sahen zwei junge Goldschakale und einen mittelalten
Keiler, die sich durch den Jeep nicht im Geringsten stören ließen.
Am nächsten Vormittag entdeckten wir im Busch wieder eine kleine Herde Gaur, die wir aber passierten, da sie etwas zu weit und zu
verdeckt standen. Als wir uns dann später dem Kanha-Camp näherten, sahen wir in einer Grasfläche, nicht weit weg von dem Fahrweg, etwas liegen. Da ein Schakal und Dickschnabelkrähen dabei
waren, musste es sich wohl um einen Kadaver handeln. Als wir uns
auf die Sitze des Jeeps stellten, sahen wir die Reste eines Axishirsches, der vermutlich vom Tiger geschlagen worden war. Wir
schauten uns den Sand neben unserer Fahrspur genauer an und entdeckten die Spur einer Tigerin. Sie war es gewesen, die den
Axishirsch während der Nacht gerissen und sich an ihrer Beute bereits vor unserer Ankunft voll gefressen hatte. Den Rest hatte sie
wohl nicht für so wertvoll erachtet, um ihn in die Dickung zu
schleppen und zu bewachen. Oder aber sie wurde durch frühe Reitelefanten oder das erste Auto gestört und hatte ihren Beuterest des-

halb aufgegeben.

Wir fuhren also ins Kanha-Camp und schauten uns dort das interessante und lehrreich aufgebaute Museum an. Zum Beispiel konnte man an dem Skelett eines Gaurs sehr schön die Dornfortsätze sehen, die ich eingangs dieses Kapitels beschrieben habe.

Unser Guide tauschte wiederum Informationen mit seinen Kollegen und Parkbeamten aus und erhielt die Nachricht, dass die Mahauts einen Tiger entdeckt hätten. Dort bestiegen wir einen Elefanten. Auch diesmal handelte es sich nur um eine kurze Besichtigungstour auf dem Elefantenrücken. Im hohen Grase sahen wir einen trotz des

Elefantenbesuches friedlich ruhenden Tiger. Das war der Höhepunkt des Tages.

Etwas anderes, was wir in der Nähe des Kanha-Camps entdeckten, ist ebenfalls bemerkenswert: Dort befindet sich auf einem großen nur wenig bewachsenen Gelände ein eingezäuntes Areal, in dem man zunächst außer Buschwerk nichts sah. Erst meine Frage und dann unsere gezielte Beobachtung ließen uns fündig werden: Wir sahen einen mittelalten Bock der Hirschziegenantilope. Die Einzäunung von nur einigen Hektar stellte einen Schutz gegen die großen Raubkatzen dar. Man versucht, den bis auf wenige Tiere zusammengeschmolzenen Restbestand dieser Tierart wieder zu vergrößern. Die Hirschziegenantilopen hatten sich in dieser Gegend angesiedelt, weil dieses Gebiet damals durch Bauern bewirtschaftet wurde, was den Tieren auf den beweideten Wiesen und angrenzenden Feldern eine Überlebenschance einräumte.

Als aber diese Ansiedlungen in den Nationalpark einbezogen wurden, verwandelte sich dieses Umfeld wieder in seinen ursprünglichen Zustand zurück, damit eigentlich ungeeignet für Hirschziegenantilopen. Sie leben heute eher, obwohl nicht so eindeutig wie die Indische Gazelle, in den weiten offenen Flächen einer Halbwüste. Gehörte diese Tierart früher in Indien zu den zahlenmäßig dominierenden Arten, so wurden sie vor allem seit der Unab-

hängigkeit rücksichtslos ausgerottet, einmal, weil sie oft dicht beim
Menschen lebten und seine Felder plünderten, zum anderen, weil
sie gutes Wildbret abgaben. Vor allem aber wurde ihr ursprüngli-
cher Lebensraum durch menschliche Besiedlung (auch bedingt
durch Kanalbauten zur Bewässerung wie in Rajasthan) eingeengt.
Heute sind die größten noch in Indien lebenden Herden in Gujarat
(Kleiner Rann von Kutsch und Velavadar-Nationalpark) sowie in
Rajasthan (Desert-Nationalpark, Tal Chapar/Churu-Distrikt und
Jodhpur-Distrikt) anzutreffen. Gemäß Harsh Vardhan in THE
HINDU vom 18. Okt. 1998 („Blackbucks facing serious threat")
sind in den letzten 15 Jahren sowohl das Lebensgebiet als auch die
Anzahl dieser Antilopen wesentlich geschrumpft. Seinen Aussagen
zufolge haben sowohl Hirschziegenantilopen als auch Indische Ga-
zellen ihre größten Überlebenschancen im Siedlungsgebiet der
Bishnois in Rajasthan. Die Bishnois sind eine kleine und aus religiösen Prinzipien tierfreundliche indische Religionsgemeinschaft.

Eine in den ersten Jahrzehnten des 20sten Jahrhunderts erfolgte
Einbürgerung der Hirschziegenantilope in Argentinien, Australien
und Texas sollte man nicht unerwähnt lassen, denn diese Bestände
sind heute möglicherweise höher als der indische Restbestand von
circa 50.000 Tieren (Stand 2008). Ich selbst habe auf einer 6.000
Hektar großen argentinischen Rinderfarm in der Nähe der Pampa
einen Bestand von etwa 2.000 Hirschziegenantilopen gesehen, die
dort gute Lebensbedingungen vorfanden.
Beim Abendessen hielt Bob Wright, der bereits vorgestellte Inhaber
des Kipling-Camps, eine kleine Ansprache an seine Gäste, in der er
unter anderem auch auf die momentan vorhandene Tigerpopulation
in Indien einging. Er kam zu einer Schätzung von maximal 2.500
Tieren (zum Stand von 1999 – siehe Angaben per 2016 laut WWF
im Ausblick!), von denen der größte in sich geschlossene Bestand

in den Sundarbans existiere. Wright darf man als einen der Einge-
weihten bezeichnen, der hinter die offiziell aufgebaute Kulisse der
amtlichen Bestandszahlen blickt.

Er berichtete uns von der vor einigen Jahren am Parkrand von Kanha erfolgten Tötung einer Tigerin. Sie wurde, da die anderen Territorien im Park schon besetzt waren, an ein Territorium am Parkrand
gedrängt. Dort brachte sie zwei Junge zur Welt. Das Wildvorkommen dort war spärlich, da die Bauern ihr Vieh zum Grasen hinein-
trieben und dadurch Wildtiere verdrängten. So war die Tigerin gezwungen, eine Kuh zu schlagen, zumal sie noch die beiden Jungen
säugen musste. Der Bauer als Besitzer der geschlagenen Kuh be-
sorgte sich ein Gewehr, lauerte der Tigerin am Kadaver auf und er-
schoss sie, woraufhin die beiden noch zu säugenden Jungen ver-
hungerten. Bob Wright betonte, dass eine sowieso nicht große Tigerpopulation eines Parks sehr schnell reduziert werden könnte,
wenn nicht durch Erziehung der Bauern, Schadensersatz in begrün-
deten Fällen und Verlagerung von Dörfern vorgesorgt würde.

Dies war dies nicht die einzige schlechte Nachricht an diesem
Abend für mich. Es war auch die Erkenntnis, dass ein rigoroser
Durchfall mich nun fest in seinen Krallen hatte. Die eingenomme-
nen Antibiotika hatten zwar die Bronchitis mehr oder weniger unter
Kontrolle gebracht, gleichzeitig aber mein bakterielles Innenleben
total zerstört. Ich versuchte zwar bis Ende unseres Indienaufenthaltes dieses Manko durch Verzehr von Joghurt wieder einigermaßen
auszugleichen, was aber nicht gelang. So lebte ich denn fortan von
Porridge, der englischen Version unseres Haferbreis, und tat keinen
Schritt mehr ohne reichlich Toilettenpapier in der Hosentasche. Die
gute Nachricht hierzu war, dass ich wohl ganz ohne Anstrengungen
mein Normalgewicht auf ein Idealgewicht würde reduzieren können, was sich später zu Hause auch bewahrheitete.

Meine missliche Lage und eine ekelhafte Migräne bei meiner Frau
veranlassten uns am darauf folgenden Tag im Camp zu bleiben.
Wie uns die anderen Gäste erzählten, hatten sie aber an diesem Tag
in Bezug auf Säugetiere kein Glück gehabt, lediglich die „birders"
seien auf ihre Kosten gekommen.

Der nächste Tag fiel jedoch positiver aus: Wir konnten zwei Gaur-
Herden beobachten und sahen zwei Barasinghas, Hirsch und Kuh,
im Wasser stehend äsen. Zwei große, einzeln gehende Keiler kreuz-
ten unseren Fahrweg, ein Muntjak verschwand wie üblich bei unse-

rem Anblick im Dickicht und
ein Goldschakal beobachtete
unseren Jeep aus naher Entfernung mit Interesse. Die fotografische Ausbeute jedoch bestand
nur aus zwei brauchbaren Bildern, einem großen Baum im
Griff von Würgefeigen (unter
den ich mich stellte) sowie einigen Bengalgeiern, die sich bei
einem Kadaver eingefunden
hatten.
.
Auf den nächsten Tag, es war
nun der 2. März, fiel einer der
wichtigsten Festtage in Indien:
Holi, das Farbenfest zum Früh-
lingsanfang, das immer am
Vollmondtag des Hindu-Monats Phalgana stattfindet (Febru-
ar/März). Schon nachts loderten Freudenfeuer auf, in denen der bö-

se Winterdämon verbrannt wurde. Die Leute streuten Farbpulver über sich und bemalten sich gegenseitig. Einige der Männer und Jugendlichen waren wohl auch betrunken. Touristen gingen tunlichst nicht unter die Inder, sonst wurden sie mit Farbe beworfen und mit Wegzoll belegt. Obwohl Holi offiziell nur an diesem Tag stattfindet, wird es inoffiziell die ganze Woche hindurch gefeiert.

Da der Park geschlossen war, machten wir vom Camp aus einen Ausflug, der am Vormittag mit der Elefantenkuh Tara stattfand und in eine etwas höher gelegene felsige Gegend in die dem Park vorgelagerte Pufferzone führte. Von dort aus hatte man einen weiten Überblick über das bewaldete Land, wobei sich unterhalb der Felsen, kaum als solcher sichtbar, der kleine Fluss entlang schlängelte, in den Tara immer zum täglichen Bad geführt wurde. Tara durfte frei äsen und zwängte sich in ein Bambusdickicht unmittelbar neben dem Felsen auf dem ich stand. Es sah so aus, als ob ihr Kopf ein Eigenleben führte, so total wurde ihr Körper von den Bambuszweigen abgedeckt. Auf dem Heimweg, auf dem kleinen, von Tieren und Menschen genutzten Pfad, auf dem ich entlang ging, sah ich plötzlich etwas Weißes. Es entpuppte sich als Losung einer Streifenhyäne. Hyänenlosung wird durch die verzehrten hoch kalkhaltigen Knochen schon kurz nach ihrem Ausscheiden weiß, ein mir von Afrika her bekannter Anblick. Die im Park relativ wenig vorkommenden Streifenhyänen halten sich eher am Parkrand auf, weniger um sich dem Zugriff des Tigers zu entziehen, als um vielmehr ihre Speisekarte durch verendetes Vieh der umliegenden Bauerndörfer zu bereichern.

Nachmittags machte ich mit meiner Frau eine kleine Wanderung durch ein anderes Gebiet der Pufferzone. Durch diese ebene Gegend schlängelte sich ein kleiner Bach, dessen Windungen wir in Richtung Park folgten. In den Randpfützen gab es Unmengen kleiner Frösche, aber ansonsten waren nur Fährten von Axishirschen und Geläufe von Pfauen auszumachen, von denen wir auch mehrere sahen. Kurz vor dem Camp kamen wir wieder an einer großen Würgefeige vorbei.

Den nächsten Vormittag musste ich mit akutem Durchfall in der Lodge verbringen. Meine Frau machte jedoch die Vormittagstour mit und bekam eine Rohrkatze und Gaurs zu Gesicht.

Am Nachmittag gegen ein Uhr war die Abfahrt mit dem Wagen geplant, um genügend Zeit zu haben, den Flughafen von Nagpur zu erreichen. Doch leider wollte der Wagen nicht anspringen. Statt sich zu vergewissern, ob mit dem alten Auto alles in Ordnung war, hatte der Fahrer am Vormittag vermutlich seinen Holi-Rausch ausgeschlafen. Andere halfen mit, die Batterie eines anderen Autos wurde zum Starten angezapft, dann hieß es mit einer Stunde Verspätung schnell einsteigen und zügig losfahren, ohne den Motor während der Fahrt abzustellen oder absterben zu lassen. Doch dies war, wie sich schnell herausstellte, gar nicht so einfach. Es wurde immer noch Holi gefeiert, und so hatte jedes der kleinen Dörfer, die wir durchfahren mussten, eine Straßensperre aufgebaut und ließ uns erst passieren, nachdem lange mit dem Fahrer verhandelt, diesem ein Farbstreifen aufgemalt und ein Zoll kassiert wurde, den ich jeweils bezahlte, damit es schnell weiterging.

Als an einem Dorfe wieder so eine Straßensperre aus Stangen und dünnen Ästen über der Straße lag, zu deren „Besatzung" auch einige Frauen gehörten, platzte meiner Frau angesichts unserer Zeitnot der Kragen. Noch ehe ich sie zurückhalten konnte, war sie aus dem Wagen gestürmt, hatte eine Stange in der Hand und wollte sie wegziehen. Da jedoch hatte sie die Rechnung ohne die indischen Frauen gemacht. Wie die Furien waren sie zur Stelle, entrissen ihr die Stange wieder und beschimpften sie wütend. Auch meine Frau, die sonst mit indischen Frauen sehr gut auskam, blieb ihnen jetzt keine Gegenrede schuldig, und die ganze Situation drohte in Tätlichkeiten auszuarten. Die Worte des Fahrers fanden kein Gehör, er musste auch hinter dem Steuer bleiben, um den Motor nicht absterben zu lassen. Endlich erkannte meine Frau die Nutzlosigkeit ihrer Aktion und kam auf meinen Zuruf ins Auto zurück. Dem Fahrer gelang es mit viel rhetorischem Geschick die Leute zu besänftigen und ich blätterte das Doppelte hin, dann wurde die Straße soweit frei gemacht, dass wir weiterfahren konnten.

Bei laufendem Motor tankten wir dann auch; beim Wegfahren sah ich, dass einer in der dabeistehenden schwatzenden Gruppe seelenruhig eine Zigarette rauchte, obwohl das Benzin daneben offen in einen Kanister gefüllt wurde. Glücklicherweise passierte nichts, wir überlebten alles, es kam zu keinem Unfall, der Motor starb nicht ab und wir kamen nur wenig später als geplant am Flughafen von Nagpur an. Gerade noch rechtzeitig konnte ich auf einem der üblichen indischen Pferdeklos meinem Durchfall Tribut zollen.

Der Flug nach Mumbai (vor der Unabhängigkeit hieß es Bombay) hatte jedoch etwa eine Stunde Verspätung, und als wir landeten, war es Nacht. Als wir endlich am Hotel ankamen, leistete ich mit letzter Kraft Widerstand gegen den Druck meiner Eingeweide. Ich klammerte mich mit der linken Hand an den Türpfosten der geöffneten Beifahrertür, um schneller auszusteigen. In diesem Moment warf der Angestellte des Reisebüros die Tür zu und klemmte meine Finger ein. Jedoch ganz wie die Maus in der Bilderposse von Wilhelm Busch, die noch durch ein Loch in der Stiefelspitze entkommen konnte, hatte auch ich Glück: Die Tür schloss nicht richtig, sondern hatte sehr viel Spiel; zudem war loser Dichtungsfilz da, der den geringen Druck gänzlich von meinen Fingern abhielt. Während ich schnell in eine Toilette im „western style" rannte, erledigte meine Frau die Hotelanmeldung.

Die Stadtrundfahrt am nächsten Vormittag in der Innenstadt, bei der die englischen Kolonialbauten, darunter auch das Gateway of India, eigentlich das Interessanteste waren, konnte ich noch mitmachen. Am Nachmittag musste ich leider das Hotelzimmer hüten, während meine Frau mit dem Motorboot zur Insel Elephanta fuhr und die hinduistischen Höhlentempel aus dem achten Jahrhundert allein besichtigte; sie fand den Ausflug sehr lohnenswert. Damit war der hier eingeschobene kulturelle Teil beendet. Am nächsten Tage flogen wir nach Bangalore, schon ziemlich tief im Süden Indiens, und heute die indische Hochburg der Informationstechnologie und der Programmierer. Dort übernachteten wir, dann ging es am nächsten Tag mit dem bewährten Ambassador über Mysore in den Nationalpark Nagarhole, den wir am frühen Nachmittag erreichten.

Gaurs an Land und Elefanten im Wasser
Nagarhole / Südindien

In der Kabini River Lodge verstauten wir unsere Sachen in dem uns zugewiesenen komfortablen großen Doppelzimmer und schauten uns auf dem Camp um. Die später noch ausgebaute Lodge war früher das Jagdhaus der Maharadschas von Mysore gewesen, zu dessen Gebiet das ganze Jagdareal gehört hatte. Unterhalb des Camps liegt das Ufer des Kabini-Stausees, der 1974 geschaffen wurde. Im Süden dieses Stausees liegt der direkt angrenzende Nationalpark Bandipur. In dem über 600 Quadratkilometer großen Nagarhole – was in der lokalen Sprache Kannada so viel wie Schlangen- beziehungsweise Kobrafluss bedeutet – gibt es nicht nur diesen Fluss, sondern vor allem den größeren Kabini, der das ganze Gebiet entwässert und von dem die Lodge ihren Namen hat.

Sehr viel mehr konnten wir auf die Schnelle nicht in Erfahrung bringen, dann ging es auch schon mit dem Jeep das erste Mal hinaus in den Park. Die ersten Wildtiere die wir sahen waren Gaurs. Es waren Kühe mit Kälbern, von denen eine alte, knochige Kuh mit ihrem Kalb am nächsten standen. Danach stießen wir auf eine kleine Herde wilder Elefanten, die bei unserem Anblick aber sofort in die Büsche traten und uns nie näher als ungefähr zwölf Meter kommen ließen. Als wir an das Ufer des Stausees fuhren, sahen wir an einer anderen Bucht des Sees noch eine Herde Elefanten im Gegenlicht inmitten des Wassers stehen. Auf einem kleinen Inselchen nahe dem Ufer auf dem wir standen, lag ein Sumpfkrokodil, das sich sonnte.

Axishirsche waren auch hier die bei weitem häufigste Hirschart. Sambar waren ebenfalls zu entdecken, aber ihr Vorkommen sehr viel spärlicher als in Ranthambore. Danach fuhren wir in den Wald, in einen anderen Parkteil. Wir näherten uns einem Wasserloch, als uns in etwa hundert Meter Entfernung eine Bewegung auffiel. Es war endlich der erste Lippenbär, der sich aber nur kurz zeigte, dann abdrehte und im Busch verschwand. Man hörte ihn noch, wie er sich weiter entfernte. Es war ein großes Tier gewesen, seine Schulterhöhe etwa die eines Tigers, aber sein Körper viel kürzer, er wirkte fast so hoch wie lang.

Noch hatten wir diesen seltenen Anblick nicht ganz verdaut, als wir an eine offene Stelle im Wald kamen, wo sich wiederum eine kleine Herde Elefanten aufhielt. Unser Fahrweg führte nur etwa dreißig Meter an ihnen vorbei. Als wir uns an dieser Stelle befanden, löste sich plötzlich eine ältere Kuh – offensichtlich die Leitkuh – von der Herde und griff uns unter wütendem Trompeten an. Es war aber nur ein Scheinangriff, den sie bereits nach etwa zehn Metern abbrach. Eine junge Frau, die mit uns auf dem offenen Jeep saß und dieses Verhalten der Elefanten nicht kannte, nahm dies für bare Münze, zog den Kopf ein und ging in Deckung, das Schlimmste befürchtend. Wenn man dies das erste Mal erlebt, kann es schon unter die Haut gehen. Bei zunehmender Dunkelheit sahen wir noch zwei einzeln gehende Keiler an etwas lichten Stellen.

Bei der Fahrt von der Kabini River Lodge in den Park muss man zunächst ein Dörfchen namens Karapura durchqueren. Dort war mir aufgefallen, dass die Felder gegenüber der Waldzone, dem Gebiet der wilden Elefanten, durch einen elefantensicheren Graben geschützt sind. Es ist genau diese Art eines etwa zwei Meter breiten Grabens, wie er durch E.P. Gee beschrieben wurde, von mir im Kapitel Dudwa zitiert.

Als wir am nächsten Morgen wieder mit dem Jeep in den Park fuhren, war infolge eines ziemlich dichten Nebels praktisch nichts zu sehen außer den Wegrändern, die durch die Parkverwaltung jährlich abgebrannt werden, und die in ihrem verkohlten Zustand nicht gerade einladend aussahen. Innen im Park ist ein Elefanten-Camp, wo die Arbeits- und Reitelefanten untergebracht sind, und wo auch die Mahauts mit ihren Familien wohnen. Dorthin fuhren wir nun, um

auf einem Reitelefanten eine kleine Runde zu drehen. Weiter fort führende Ritte mit den Reitelefanten werden in Nagarhole nicht unternommen, da diese von den häufig vorkommenden wilden Elefanten manchmal angegriffen werden.

Dass sich der Blick auch hinauf in die Baumwipfel lohnte, merkten wir bald, als wir ein gigantisches Eichhörnchen sahen. Es war unser erstes Königsriesenhörnchen, das auch Indisches Riesenhörnchen genannt wird. Dieses in Mittel- und Südindien vorkommende Riesenhörnchen erreicht die respektable Länge von ungefähr einem Meter einschließlich des Schwanzes. Sie verlassen selten die Bäume; oft wird man erst auf sie aufmerksam, wenn sie einen als Störenfried ausschimpfen.

Wir erreichten nach einer Weile das Seeufer, an dem uns schon zwei Leute mit den Rundbooten erwarteten. Dies sind keine Ruderboote wie wir sie kennen, sondern die traditionellen „Coracles". Sie haben nur einen Durchmesser von etwa zwei Metern, eine leichte Bambus-Konstruktion und sind mit Büffelhaut bespannt. Sie liegen wie eine schwimmende Schüssel auf dem Wasser und werden mit Hilfe eines Paddels bewegt, wobei die Navigationsfähigkeit ziemlich schlecht ist. Damit wurden wir zu einem anderen Teil des Seeufers gepaddelt und wieder zurück. Obwohl wir uns lautlos und ruhig vorwärts bewegten, bekamen wir doch nur Wasservögel zu Gesicht. Ein Brahminenweih als einziger Greifvogel bot einen schönen Anblick mit seinem rostroten Gefieder in Ergänzung zu seinem weißen Kopf- und Brustbereich.

Wieder in der Lodge zum Mittagessen angekommen, fiel uns eine große Horde von Hutaffen auf. Sie sind etwas zierlicher als Rhesusaffen und haben auf dem Kopf einen nach oben stehenden Haarwirbel, der entfernt an einen Hut erinnert. Ebenso wie ihre Vettern sind sie ein ständig in Bewegung befindliches Völkchen, das, wenn man es von den Einrichtungen nicht abhält, schnell totale Unordnung und Verschmutzung verursacht. Als ich von unserem Zimmer zum Speise-Pavillon ging, sah ich im Rasen neben dem Gehweg eine Bewegung. Ich blieb stehen und sah mir die Stelle an: da saß ins Gras gedrückt ein kleines Schwarznacken-Häschen und hoffte darauf, nicht gesehen zu werden. Als ich es auf unserem gemeinsamen Rückweg vom Essen meiner Frau zeigen wollte, war es verschwunden.

Der Nachmittag war für eine Exkursion zu Schiff vorgesehen. Am Ufer des Kabini-Stausees unmittelbar am Speise-Pavillon lag ein kleines Motorboot, das circa zehn Leute an Bord nehmen konnte. Mit ihm fuhren wir etwa eine halbe Stunde lang gen Westen in diejenige Uferregion, die wir teilweise schon etwas mit dem Jeep erkundet hatten. Von der Wasserseite her kommend, konnte man sich den Tieren besser nähern und die Fluchtdistanz war geringer. Auf diese Weise kamen wir erstaunlich dicht an einen mächtigen Gaur-Bullen und danach an ein ungefähr dreieinhalb Meter langes Sumpfkrokodil heran. Etwas später trafen wir auf zwei im Wasser stehende planschende Elefanten.

Die Elefanten waren die Einzigen, die ihren Platz gegenüber dem Boot behaupteten, der Stoßzahnträger hielt unseren aufdringlichen indischen Bootsführer auf Distanz.

Gaur und Krokodil machten sich aber davon, als die ihnen genehme Fluchtdistanz unterschritten wurde. Leider hielt die Bootsbesatzung, ebenso wie die Jeep-Fahrer, kaum einmal den nötigen Abstand ein, sondern vertrieben die Tiere meist. Auf dem kalten Nachhauseweg, der durch Spritzwasser nicht gerade verschönt wurde, wurden wir aber durch einen Sonnenuntergang mit tiefrotem Sonnenball entschädigt.

Auch am nächsten Morgen war es wieder nebelig und es klarte nur langsam auf. Noch etwas im Morgennebel, oder vielleicht gerade deswegen, kamen wir dicht an einen starken Keiler, bevor er uns bemerkte und davon trollte. Auf die weiteren Anblicke einiger interessanter Vögel – wir sahen den Indischen Wollhals-Storch, den Weißen Sichler und einen Indischen Schlangenhabicht – konnte ich mich gar nicht richtig konzentrieren, sondern musste gewaltig gegen meinen rebellischen Durchfall ankämpfen. Dann kamen wir in der Nähe des Elefanten-Camps an eine Stelle des Fahrweges, wo sich im roten Staub die ganz frische Spur einer Tigerin abzeichnete. Entweder war es nun die Begeisterung über diese Entdeckung, oder unabhängig hiervon die innere Entwicklung der Dinge, dass ich urplötzlich dringend musste. Ich sprang vom haltenden Jeep, riss das Toilettenpapier aus meiner Hosentasche und verschwand hinter einem dicken Baumstamm. Während die Dinge nun ihren Lauf nahmen, hoffte ich sehr, dass die Tigerin, sofern sie noch in der Nähe war, keinen Anstoß an mir nahm; schließlich beschmutzte ich hier ihr Revier. Ich deckte aber nach Beendigung der Affäre meine Spuren sorgfältig zu und kletterte erleichtert wieder auf den Jeep. Leider bekamen wir diese Tigerin nicht zu Gesicht, auch Warnungen des Friedwildes (das sind die pflanzenfressenden Beutetiere des Raubwildes) hörten wir nicht, die vielleicht ihren Standort verraten hätten.

Statt eines Tigers sahen wir aber einen Mungo, nochmals ein Königsriesenhörnchen und einen Muntjak, kurz bevor der scheue Geselle wie üblich in den Büschen verschwand.

Auf dem Rückweg in die Lodge zur Mittagspause hatten wir mit unserem Guide ein interessantes Gespräch. Ausgangspunkt bildeten die allenthalben im Park zu sehenden großen Brandflächen mitten im Bestand, zum Teil noch mit lodernden Feuerstellen. Diese Feuer wurden widerrechtlich von der Landbevölkerung gelegt, sie nah-

men zum Teil eine Ausdehnung an, die nicht mehr durch die Parkverwaltung unter Kontrolle gebracht werden konnte. Auch die bereits erwähnten, durch die Parkverwaltung selbst kontrolliert abgebrannten Wegränder als Feuerschneisen, konnten diese illegal ge-
legten Brände nicht stoppen. Analog dazu verhielt es sich mit der
Wilderei. Seit 1995 bis zu unserem Besuch seien im Nagarhole sieben nachgewiesene Fälle von gewilderten Tigern aufgetreten, vermutlich alle getötet zur Belieferung von chinesischen Hehlern. Dazu käme noch die wahrscheinlich nicht geringe Dunkelziffer.

Eine indische Dame, die mit uns auf dem Bootsausflug war, erzählte uns hierzu, dass der größte Drahtzieher hinter der Wilderei in
diesem Park genau bekannt sei; er sei auch der wesentliche
Schmuggler von Sandelholz. Leider könne man ihm nichts nach-
weisen, und er habe Rückhalt in der Landbevölkerung, die er
schmiere beziehungsweise bedrohe.

Hierzu kann ich nachtragen, wer dieser Mann war: K. M. Veerap-
pan. Er soll nicht nur Wilderer gewesen sein – angeblich soll er
über 2.000 Elefanten getötet haben –, sondern auch Sandelholzdieb,
Entführer, Räuber und Mörder. Er war Indiens Verbrecher Nummer
Eins, und wurde 2004 im Alter von 57 Jahren bei einem Feuer-
wechsel mit der Polizei erschossen.

Während der Mittagspause entdeckten wir in unmittelbarer Nähe
des Speise-Pavillons einige größere Bäume, die häufiger Tagesru-
heplatz für Indische Riesenflughunde zu sein schienen. Schätzungsweise fünfzig bis achtzig der Tiere (mit einer Körperlänge
von etwa 30 und einer Flugspannweite von 120 Zentimetern) hingen immer mit Abstand zueinander, zum Teil im Blätterschatten,
zum Teil in der Sonne an den Ästen. Sie fächerten sich ab und zu
mit ihren um einen kleinen Winkel geöffneten Flughäuten Kühlung
zu.

Ich nahm mir vor, mit der Kamera noch vor unserer Abreise eine kleine Pirsch durchzuführen, um vielleicht ein schönes Foto eines solchen „Fliegenden Fuchses" zu erhalten, wie ihr Name auf Englisch sehr treffend heißt.

Der Nachmittagsausflug in den Park hätte zu dem Anblick eines Tigers oder Panthers führen können, weil wir entsprechende Warnrufe von Axis- und Sambarhirschen hörten, jedoch hatten wir leider nicht das notwendige Glück.

Wir sahen aber einen jüngeren Elefantenbullen, der offensichtlich ein Problem hatte: Sein rechter Stoßzahn wuchs nach hinten, so dass er, wenn er seinen Kopf nach unten bewegte, was ein Elefant beim Nicken normalerweise tut, sich den Zahn in die untere Brust stoßen musste. Wie wir später hörten, war das Tier der Parkverwaltung bereits bekannt. Man plante, es zu betäuben und diesen Stoßzahn abzusägen, damit der Bulle sich nicht verletzen konnte.

An einem kleinen Wasserlauf hielten wir, weil wir eine Bewegung sahen. Es waren zwei Mungos, die am Ufer entlang liefen, und die wir bei ihrer Nahrungssuche beobachteten. Zu guter Letzt sahen wir auch noch einen sehr starken Keiler, der vor einem Bambusdickicht im Boden wühlte. Dies war wahrscheinlich der stärkste Keiler, den wir in Indien gesehen hatten, noch größer als der in Bandhavgarh. Er sah hinten so glatt – geradezu nackt – aus, weil er kurz zuvor im Schlamm gesessen hatte. Durch das Fernglas sah man seine starken Eckzähne und sein Scrotum (Hodensack). Letzteres gibt dem indischen Autor R.S. Dhar-

makumarsinhji Gelegenheit zu folgenden Bemerkungen (Zitat K1):
„Ein Wildschwein-Keiler ist ein furchtbarer Gegner, und selbst die
größten Hunde finden es schwierig, ihn niederzuhalten. Jedoch hat
er eine verwundbare Stelle, ähnlich der Achilles-Ferse, und das ist
sein Scrotum, das unter dem After sitzt und heraussteht. Dieser
schwache Punkt des Keilers wurde durch einen schwarz-weißen
Mischlingshund der Mohuva Kokosnuss-Plantage ausgenutzt.
Wenn eine Treibjagd auf Sauen stattfand, heftete dieser Mischlingshund sich an die Fersen eines vorbei flüchtenden Keilers,
schloss zu ihm auf, verbiss sich in das Scrotum und hängte sich mit
aller Macht daran. Unweigerlich stoppte dieser schmerzhafte Griff
den Keiler für einen Augenblick, nur um wieder weiter zu flüchten,
wenn der Hund los ließ. Der Hund wiederholte diesen Angriff so
lange, bis der Keiler sich stellte."
Als ehemaliger Jäger wusste ich, dass die indischen Wildschweine
infolge des heißen Klimas körperlich schwächer sind als ihre nördlichen Vettern, die sich im Lebensraum des sibirischen Tigers befinden. Ein alter Keiler im Ussuri-Raum kann über 300 Kilogramm
schwer werden, ein indischer immerhin über 200 Kilogramm. Jedoch soll die indische Rekordtrophäe eine Länge der Eckzähne von
37 Zentimeter haben (über die Krümmung gemessen), das sind sehr
gefährliche Waffen, mit denen ein Angreifer zu rechnen hat. Solche
alten Keiler haben außer dem Menschen praktisch keine Feinde, nur
ein starker und mutiger männlicher Tiger wird einen Kampf mit einem solchen Bassen aufnehmen.
Interessant ist, was B. Seshadri hierzu berichtet, indem er einen anderen Autor zitiert (Zitat C2):
„S.P. Shahi hat in seinem Buch ,Backs to the Wall (1977)' einen alten Bericht zitiert, den Turner von der Indischen Forstverwaltung
vom titanenhaften Kampf zwischen einem Wildschwein-Keiler und
einem Tiger an einer Wasserstelle gab: 'Der Tiger ging vom Ufer

auf den weichen Sand hinab und umkreiste den Keiler, der sich drehte, um ihn vor sich zu haben. Dieses Umgehen und Drehen erfolgte drei- oder viermal, bis der Tiger den Keiler plötzlich angriff, nach ihm mit aller Macht schlug und mit der größten Behändigkeit nach seinem Schlag zur Seite sprang. Der Keiler begegnete dem Ansturm mit einer geschickten Drehung und nahm den Schlag mit seiner Schulterseite auf. Auf diese Art und Weise brachte der Tiger Schlag auf Schlag an; er war in all seinen Gliedmaßen so gelenkig, dass er leicht jeden Kontakt vermeiden konnte. Seine Schläge zeigten Wirkung, denn der Keiler triefte von Blut von seinen Schultern abwärts. Wann immer der Keiler die geringsten Anstalten zum Gegenangriff machte, trat der Tiger zurück. Es bestand kein Zweifel, dass hinsichtlich der Beweglichkeit der Vorteil beim Tiger lag. Angreifen, zuschlagen und wegspringen: es war eindeutig diese Zermürbungstaktik, auf die er angewiesen war um zu obsiegen. Dessen ungeachtet schienen weder die Schläge noch der Strom von Blut den mutigen Keiler einzuschüchtern.

Dies war eindeutig ein Kampf auf Leben und Tod. Wir wunderten uns, wie lange der Zweikampf noch andauern würde. Weder Tiger noch Keiler schienen erschöpft zu sein. Der Erstere, immer gerettet durch seine Beweglichkeit, war unversehrt; der Letztere ein zunehmend blutiger Anblick, so blutig zerhauen, dass wir zu der Annahme gezwungen wurden, er werde bald als ein außergewöhnliches Mahl für seinen Feind enden. Während solch ein Gedanke uns gerade beschäftigte, geschah etwas ganz unerwartetes und dramatisches. Der Tiger, beim Zuschlagen und im Versuch, vom Keiler wegzuspringen, verlor entweder sein Gleichgewicht und landete ungeschickt, oder er rutschte in dem weichen Sand. Seine günstige Gelegenheit erkennend, und sie erstaunlich schnell ergreifend, stürmte der Keiler voll in ihn hinein, vergrub seine scharfeckigen Hauer in des Tigers Bauch, riss und schlitzte wiederholt, seine Stö-

ße durch seine erstaunliche Kraft und sein enormes Gewicht voll
verstärkend.

Mit der größten Schwierigkeit gelang es dem Tiger sich zu lösen,
und er ging auf Abstand. Während dieser kurzen Waffenruhe stand
der Keiler auch ruhig, aber stets wachsam, den nächsten Ansturm
erwartend. Aber dieser kam nicht mehr. Ein veränderter und verun-
stalteter Tiger stand nun vor ihm. Der Bauch war aufgeschlitzt, das
Gedärm hing tief und schwer heraus. Sich mit seinem nachschlei-
fenden Gedärm zum Ufer wegschleichend erstieg er es und verschwand im angrenzenden Dornbusch. ... Dort legte er sich nieder
und verendete'.

Wie der Keiler so vielen Schlägen des Tigers widerstehen konnte
und noch genügend Kraft hatte, den verheerenden Angriff durchzuführen, war ein Rätsel, wenn man die furchtbare Gewalt des Pran-
kenhiebes eines Tigers bedenkt."

Wie es aber auch ausgehen kann, wenn ein starker Tiger auf einen
etwas schwächeren Keiler trifft, schildert B.A. Singh (Zitat B2):
„Bei anderer Gelegenheit stieß ich auf einen Wildschwein-Keiler
mit über 20 Zentimeter langen Hauern, der durch einen Tiger getötet und gefressen wurde, nur etwa hundert Meter von meinem Haus
entfernt. Das Schwein musste an die zweihundert Pfund gewogen
haben und als ich es fand, waren nur noch der Kopf und die Beine
vorhanden, was auf einen Verzehr von mehr als hundert Pfund hin-
wies. In diesem Falle hatte der Tiger es hinter den Ohren gepackt,
und bei der Leichtigkeit, mit der er seine Beute schnell abgetan hatte, wundert man sich über die vielen Aussagen, wonach der Keiler
manchmal als Sieger in einem solchen Entscheidungskampf her-
vorgeht."

Wie so oft wird es demnach auf die Situation ankommen, also wie
stark die beiden Kontrahenten sind und vor allem, ob es dem Tiger
gelingt, sich unbemerkt zu nähern und einen Überraschungsangriff

durchzuführen.

Am nächsten Vormittag hatten wir besonderes Glück, wir sahen im noch leichten Morgennebel zum zweiten Mal einen Lippenbären. Es war noch kein voll ausgewachsenes Tier, und es beeilte sich, seinen schützenden Tageseinstand zu erreichen. Jedenfalls durchquerte der Bär eine etwa dreihundert Meter breite lichte Waldschneise im Galopp und verschwand im Buschwerk ohne inne zu halten. Ihn zu fotografieren war wegen der Schnelle des Geschehens unmöglich, zudem war es noch zu dunkel.

Eine weitere sehr interessante Begegnung erlebten wir kurz darauf, es war immer noch früh und immer noch etwas neblig:
Dicht an unserem Fahrweg stand ein schon älterer Elefantenbulle mit respektablen Stoßzähnen und schien mit einem etwas abgescheuerten Baumstamm Frühsport zu treiben. Es sah so aus, als ob er das häufiger täte, denn die ganze Aktivität wirkte ziemlich routinemäßig, und der Stamm war offensichtlich vom ständigen Gebrauch abgescheuert. Wir beobachteten fasziniert, wie er das machte. Er klemmte den Stamm an der abgescheuerten Stelle zwischen Stoßzähne und Rüssel und versuchte ihn dann mit

einem Schwung umzudrücken. Dies gelang aber trotz mehrerer Versuche nicht, obwohl er seinen Rüssel-Stoßzahn-Griff immer wieder erneuerte. Der Stamm bewegte sich jeweils nur ein bisschen, war aber nie in Gefahr abzubrechen. Nun versuchte der Bulle es von der anderen Seite. Er stellte sich in Ruhe in die günstigste Position ganz nahe an den Stamm und stellte seinen Oberkörper etwas auf, indem er seinen linken Vorderlauf an dem Stamm anlegte. Dadurch bekam er den Stamm weiter oben zwischen Stoßzähnen und Rüssel zu fassen und konnte auch sein Körpergewicht besser einsetzen. Mit einer konzentrierten Kraftanstrengung versuchte er es nun nochmals. Der Stamm schwankte bedenklich, der Bulle ließ ihn zurückfedern und nutzte die Schwingung zum erneuten Stoß mit gewaltiger Wucht. Diesmal geriet der Stamm bedenklich in Schieflage, während Kopf und linker Vorderfuß des Elefantenbullen etwas abrutschten. Dies war genau der Moment, den das Foto zeigt. Nun schien ihm sein Pensum aber erfüllt. Oder aber wollte er sich sein Sportgerät nicht kaputtmachen. Jedenfalls machte er nun eine Kehrtwendung und überquerte den Fahrweg, um langsam und bedächtig nach rechts tiefer in den Dschungel zu ziehen. Das ganze Schauspiel hatte etwa zwanzig Minuten gedauert, während dessen ich einen neuen Film einlegen konnte. Das war ein interessanter Einblick in den Tagesablauf eines allein gehenden Elefantenbullen. Oft soll ja ein Bulle in der Musth mit den Bäumen auf diese Art umgehen, doch konnten wir bei diesem Bullen keinen Ausfluss der Schläfendrüsen feststellen, er war sicherlich nicht in der Musth.

Damit war aber dieser „Elefanten-Vormittag" noch nicht zu Ende. Kurze Zeit später sahen wir einen ebenso großen anderen Elefantenbullen allein in einem kleinen See stehen und Wasserpflanzen äsen. Als ich ihn fotografierte, fiel mir ein weißer Fleck am Rüsselansatz zwischen linkem Auge und linkem Stoßzahn auf. Ich machte meine Frau darauf aufmerksam, die den Fleck mit ihrem Fernglas bereits als Wunde identifiziert hatte. Dabei sah sie bei einer Wendung, die der Bulle mit seinem Kopf vollführte, dass er eine Kette um den Nacken trug. Es handelte sich also um einen zahmen Arbeitselefanten, der entweder aus dem Camp durchgebrannt war oder während der Musth freigelassen wurde. Er war wahrscheinlich mit einem wilden Bullen aneinander geraten, von dessen Stoßzähnen seine Verletzung am Rüsselansatz hätte stammen können. Nach ein paar Wochen oder Monaten kommt so ein Bulle dann oft ins Elefanten-Camp zurück um seine Arbeit wieder aufzunehmen, als ob nichts gewesen wäre.

Da aller guten Dinge bekanntlich drei sind, bekamen wir auch noch eine Herde wilder Elefanten zu Gesicht. Während die Kühe mit ihren Kälbern langsam äsend der Leitkuh folgten, maßen zwei junge Bullen ihre Kräfte miteinander, wobei sie ab und zu eine kleine Verschnaufpause einlegten.

Bei so vielen Begegnungen mit wilden, zudem auch sehr selbstbewussten Elefanten, wie die hier in Nagarhole gemachten Beobachtungen zeigten, musste ich an einen Bericht denken, den B. Seshadri (der dies wiederum aus „The Tiger of Rajasthan (1959)" von Kesri Singh anführte) von einer Auseinandersetzung zwischen Elefant und Tiger gab (Zitat C1):

„... ein Tiger, der ein junges Elefantenkalb getötet hatte, wurde durch einen Elefantenbullen mit Stoßzähnen angegriffen. Statt zu versuchen sich davonzumachen, nahm der Tiger den Elefanten von der Seite beziehungsweise von hinten an und, nachdem er ihm auf den Rücken gelangte, zerkratzte und zerriss er ihn mit seinen Klauen. Der Kampf dauerte eine lange Zeit, wobei der Bulle offensichtlich versuchte, den Tiger abzustreifen, indem er unter und gegen Bäume rannte. Dies schien ihm mindestens einmal geglückt zu sein, doch der Tiger erholte sich und setzte seinen Angriff fort.

Dieser Kampf fand in der Nähe eines Rasthauses der Forstverwaltung statt, in dem sich eine Gruppe von Leuten aufhielt, von denen einer mein Informant war. Die ganze Nacht wurden sie durch den Krach wach gehalten, den die kämpfenden Tiere verursachten. Manchmal war das knurrende, hustende Brüllen des Tigers sogar lauter als das schrille Trompeten des Elefanten zu hören. Am Morgen wurde der Kampfplatz untersucht und das Geschehnis aufgrund der reichlich hinterlassenen Zeichen rekonstruiert. Der Angreifer schnitt am besten ab, denn die Leute fanden die Überreste des Kalbes und des toten Bullen riesige Masse, grässlich zerfetzt, aber der Tiger war verschwunden. Auch wenn er tödlich verletzt war (was wahrscheinlich der Fall war), ist er als Sieger zu betrachten".

Ähnliche Beobachtungen, wo Tiger und Elefantenbulle aneinander gerieten, las ich auch bei anderen Schriftstellern, doch sind dies seltene Ausnahmen. Die Regel ist, dass sich die beiden Tiere aus dem Wege gehen, wobei im Zweifelsfalle die Elefanten das Wegerecht haben. Einzeln gehende ältere Elefantenbullen, meist Stoßzahnträger oder körperlich oft besonders starke Bullen ohne Stoßzähne, die so genannten Makhnas, sind die wahren Könige des Dschungels, durch ein anderes Tier normalerweise nicht zu bezwingen. Jüngere Elefantenbullen gehen in der Regel in Gruppen. Weibliche Tiere mit den noch nicht selbstständigen jungen Bullen treten in Herden auf und sind schon deshalb dem normalerweise einzeln gehenden Tiger überlegen. Sie nehmen ihre Kälber in die Mitte und verteidigen sie gemeinsam.

Wir versprachen uns einiges davon, den Nachmittag einmal auf einem Beobachtungsstand an Ufernähe zu verbringen. Dieser Gedanke wurde in die Tat umgesetzt und mit dem Anblick von Axishirschen und einer Herde von Gaurs belohnt. Dabei fiel mir auch ein riesiger Bambusstrauch auf, den ich auf gut fünfzehn Meter hoch schätzte, viel höher als unser Haus in Deutschland. In der Nähe befand sich eine natürliche Salzlecke, zu der eine kleine Herde von Elefanten zog. Sie verweilten dort fast eine Stunde lang und nahmen die mineralhaltige Erde auf. Noch länger stand ein einzelner Elefant weit entfernt draußen im See, sehr tief eingetaucht, als ob er seine Hautschmarotzer ertränken wollte. Meine Frau glaubte plötzlich auch eine Kleine Zibetkatze gesehen zu haben, wie sie gerade im dichten Bewuchs des Seeufers verschwand. Da sie nächtlich jagt, war sie wohl in ihrem Tagesversteck gestört worden.

Den kommenden Vormittag musste ich einem erneuten Arztbesuch in dem kleinen Dörfchen Karapura opfern in der Hoffnung, endlich meinen Durchfall besser bekämpfen zu können. Am Nachmittag fand wieder ein Bootsausflug statt, doch wir entschieden uns nochmals für einen Hochsitz an einem kleinen See im Dschungel. Dort saßen wir von halb vier bis halb sieben Uhr an. Wir sahen neben Axishirschen und Pfauen vor allem viele Wildschweine, die alle eine große schlammige Suhle aufsuchten. Dabei war auch ein einzeln ankommender, großer Keiler, der dann zusammen mit einer Bache abzog. Auf dem Heimweg begegneten wir schon zum wiederholten Male Mungo und Muntjak, die hier im Park offensichtlich recht häufig vorkommen.

Als wir wieder in der Lodge ankamen und die anderen Gäste trafen, die den Bootsausflug mitgemacht hatten, bedauerten wir, nicht mitgefahren zu sein. Das Boot hatte sich wieder dem bekannten Uferstreifen genähert, als dort ein Tiger gesichtet wurde. Das Boot fuhr auf ihn zu und die Bootsinsassen konnten ihn gut beobachten. Es war ein großer männlicher Tiger, der sich einige Zeit ins Wasser legte. Etwa zwanzig Minuten lang ließ er sich bewundern, dann versuchte der Bootsführer noch näher heranzufahren. Dies war aber wieder einmal falsch: der Tiger zog sich vor dem aufdringlichen

Boot zurück und verschwand im Dschungel.

Der nächste Tag war unser Abfahrtstag, doch nutzten wir noch den Vormittag. Meine Frau fuhr mit dem Jeep in den Park; zwei Muntjaks waren das ihrer Meinung nach Interessanteste, was sie zu Gesicht bekam. Ich traute mich wegen meines Durchfalls nicht, mitzufahren. Stattdessen pirschte ich mit Kamera und Fernglas die Indischen Riesenflughunde an, die in der Regel kurz vor Sonnenaufgang von ihrer nächtlichen Nahrungssuche zurück waren. Sie fliegen immer am Spätnachmittag bei einbrechender Dämmerung los, um in einem weiten Umkreis von vielen Kilometern Bäume mit reifen Früchten aufzusuchen. Da sie reine Fruchtfresser sind, müssen sie oftmals lange suchen, um satt zu werden. Sie haben sehr große Augen, die nachts ein gutes Sehvermögen gewährleisten. Sie sind fast ein Kilogramm schwer, die größte Art der Ordnung der Fledertiere auf dem subindischen Kontinent; neben der Unterordnung der Flughunde ist die Unterordnung der Fledermäuse die bekanntere und umfasst viel mehr Arten.

Ich musste mich sehr bemühen, bis ich eines der fliegenden Tiere so erwischte, dass das Foto brauchbar war.

Am Nachmittag machten wir uns dann einmal mehr mit einem Ambassador auf den Weg, diesmal mit einem Fahrer aus Kerala. Einige Zeit lang verlief unser Weg noch innerhalb der West-Ghats, die in dieser Gegend eine Höhe von ungefähr 2.400 Metern haben. Als wir Karnataka verließen und in den Staat Kerala einfuhren, merkte man dies sofort an den sprunghaft besseren Straßenverhältnissen. Kerala ist der wohlhabenste Staat Indiens. Er hat den höchsten Anteil von Christen in seiner Bevölkerung, die beste Verteilung des Landeigentums, die intensivste Landwirtschaft und die größte Zahl und Dichte von Plantagen. Auch bildungsmäßig steht Kerala an der Spitze Indiens, der Anteil der Analphabeten ist am geringsten, der

Einfluss der Kommunisten am größten. Eigentlich ist Kerala ein relativ schmaler Streifen intensiv begrüntes Tieflandes zwischen der Malabar-Küste und den West-Ghats. Dies konnten wir wunderbar wahrnehmen, als wir noch einen letzten flachen Pass nahmen und dann die endlose gewundene Abfahrt hinunter in das dunkelgrün geschlossene Tiefland antraten mit seinen überwältigenden Anblicken. In Calicut übernachteten wir nahe des Strandes, wo wir noch unsere Füße im Indischen Ozean baden konnten.

Der nächste Tag sah uns auf dem Wege nach Beypore (auf Deutsch Bepur), Mündung des gleichnamigen Flusses, wo wir eine Ziegelei besichtigen wollten. Doch man ließ uns nicht – ein von der in Kerala mächtigen CPI, der Kommunistischen Partei Indiens, organisiertes Arbeiteraufgebot verhinderte dies. Grund war ein bereits 93 Tage andauernder Streik, in dessen Verlauf das Firmengrundstück bewacht wurde.

Wir setzten die Fahrt fort zu unserem Tagesziel Cochin, weiter unten im Süden der Malabarküste.

Dort übernachteten wir und peilten am nächsten Morgen auf unserer Reise die südöstliche Richtung an. Hierbei kamen wir durch die Backwaters wieder hinauf in die West-Ghats. Beim Durchqueren der Backwaters auf der Straße sahen wir die einmalige tropische Schönheit dieser vom Land umschlungenen Wasserwege. Die vielen kleinen Inseln und malerischen Strände waren mit Palmen bedeckt und konnten alle mit den dort verkehrenden kleinen Schiffen und Booten angefahren werden. Solch ein Anblick mag einen mit Recht dazu verführen, einmal ein paar Tage geruhsam diese Gewässer an Bord eines gemieteten Hausbootes mit seiner Besatzung (Kapitän und Steuermann in einer, Koch und Mädchen für alles in der anderen Person) zu durchkreuzen. Wir eilten aber weiter durch die Ghats auf steilen gewundenen Strecken, bis wir am frühen Nachmittag an dem großen Stausee von Periyar ankamen.

Wo der Pfeffer wächst

Periyar / Südindien

Nach Anmeldung im Aranya Niwas in Thekkady ging es sofort mit dem Boot weiter in das Lake Palace, wo wir – auf einer kleinen Halbinsel fast ganz umgeben von dem See – den ersten Tag im Luxus verbringen wollten.

Zum Herzstück des Parks ist zu sagen, dass dieser Stausee mit einer Wasseroberfläche von meist etwa 25 Quadratkilometern (bei einem theoretischen Maximum von bis zu 55 Quadratkilometern während des Monsuns) Ende des vorigen Jahrhunderts fertig gestellt wurde und auf circa tausend Meter Höhe liegt. Noch heute sieht man einige Baumruinen, die seit der Überflutung dieser Täler übrig geblieben sind und als etwas seltsam anmutende Sitzgelegenheiten für gefiederte Bewohner aus dem Wasser ragen. Die Ufer sind meist recht steil, was natürlich nicht allen Tierarten zusagt, so zum Beispiel gibt es praktisch nur Wasservögel, die auf das Fischen im tiefen Wasser spezialisiert sind. Obwohl das fast 800 Quadratkilometer große Periyar (einschließlich Pufferzone) auch Tiger Reserve ist, kann man kaum erwarten, hier einen Tiger zu sehen. Bekannt ist der Park vor allem für seine relativ vielen Elefanten, unter denen aber kaum größere Stoßzahnträger anzutreffen sind, da viel gewildert wird und der Park durch seine Lage und das schwierige Gelände nur sehr schwer zu kontrollieren ist.

Noch am Nachmittag unserer Ankunft machten wir eine einstündige Bootsfahrt auf dem See. Hierbei und auch direkt von unserer Veranda aus sahen wir an den Uferzonen einige Elefanten, Gaurs,

Sambars und Rothunde sowie viele Wildschweine. Die Entfernung war aber immer so groß, dass man zwar mit dem Fernglas noch gut beobachten, jedoch nicht mehr fotografieren konnte. Alle Tiere waren beim Äsen, wobei sie langsam weiterzogen. Lediglich die Rothunde machten sich an einer Stelle mit etwas zu schaffen, offensichtlich hatten sie dort Beute gemacht.

Hierüber fragte ich unseren freundlichen Kellner aus, der zusammen mit dem Koch das gesamte Personal in Lake Palace darstellte, da ich mit meiner Frau für heute allein war. Er berichtete, dass ein Rudel Rothunde gestern an dieser Stelle einen Sambar gerissen hätte. Jetzt würden sie immer noch davon fressen. Ich fragte ihn, ob denn die Stromkabel, die durch den Dschungel hierher führten, nicht auf etwas niedrigen und wackeligen Stelzen stünden. Er erzählte mir, dass beim letzten Sturm die Holzstützen an einer Stelle umgefallen seien; die Stromkabel hätten zwei Elefanten getötet, die mit den Kabeln in Berührung gekommen waren. Die Methode, mittels Strom führender Kabel Elefanten zu töten, sei auch schon von Wilderern angewendet worden.

Wiederum mit einem kleinen Boot machten wir dann am nächsten

Vormittag nochmals vom Lake Palace aus eine Seerundfahrt. Zunächst fuhren wir so dicht es ging an die Uferstelle, wo wir gestern die Rothunde gesehen hatten. Nun sahen wir ein halbes Dutzend von ihnen, wie sie herumtollten und ständig in Bewegung waren.

Einer fraß noch am Riss des Sambars, ein anderer hatte ein Stück des Luders gepackt und trug es davon. Aber sie hielten sich nur kurz im Freien auf, dann tauchten sie alle hintereinander, wie auf ein geheimes Kommando, im nahen Dschungel unter. Ansonsten sahen wir aber bei dieser relativ kurzen Bootsfahrt wenig außer einigen Wasservögeln.

Natürlich hatte ich insgeheim gehofft, trotz der niedrigen Wahrscheinlichkeit einen Tiger zu sehen. Es hätte ja sein können, dass ein hungriger oder neugieriger Tiger auf seinem Streifzug den Sambar-Riss der Rothunde entdeckt hatte. Dieser Gedanke wurde angestoßen durch eine Episode, die ich gelesen hatte. Sie stammt von dem Altmeister indischer Wildbeobachtung, F.W. Champion, der viel mit Blitzlicht fotografiert hatte (Zitat G1):

„Tiger können manchmal außerordentlich neugierig sein. Bei einer Gelegenheit wollte ich eine automatische Blitzlicht-Falle über einem Wechsel aufbauen, der durch das Territorium eines ganz besonderen Tigers führte, den wir schon seit Jahren als den ‚König von Chaukham' kannten, den zu fotografieren uns aber nicht gelang. Da dieses außergewöhnliche Tier allgemein als schlau galt, baute ich Kameras und Blitzlicht schon am frühen Nachmittag auf, um abends ja keine Geräusche zu verursachen aus Furcht, meine Beute zu vergrämen. Als ich dabei war die Kameras zu montieren, hörte ich einen Sambar ganz nahe ein- oder zweimal rufen. Ich hegte den Verdacht, dass der Tiger irgendwo in der Nähe war und mich möglicherweise beobachtete. Als ich jedoch zur Abenddämmerung zurückkam um die elektrische Verbindung herzustellen, stellte ich fest, dass mein Verdacht sich bewahrheitet hatte, denn um meine Kameras herum führten die Spuren des Tigers. Er hatte mich offensichtlich beobachtet als ich die fotografische Apparatur aufbaute, und sobald ich weg war hatte ihn seine Neugier veranlasst in der Mitte des Nachmittags – eine ungewöhnliche Zeit für Tiger, um

herumzugehen – eine gründliche Untersuchung dessen vorzuneh-
men, was ich da gemacht hatte. Er beschädigte die Kameras in keiner Weise, aber – unnötig zu sagen – er tappte weder in die fotografische Falle während dieser noch anderer Nächte, ausgenommen einer, in der gerade die elektrische Schaltung nicht funktionierte."

Nachmittags siedelten wir auf das Festland in das Aranyas Niwas
über und machten um 16 Uhr die große Bootsfahrt mit. Wir sahen
Elefanten und verschiedene Rotten von Wildschweinen, darunter
eine, die mindestens vierzig Tiere umfasste. Durch den Tiefgang
des größeren Schiffes bedingt sowie durch die unter dem Wasser
noch verborgenen Baumstämme musste das Boot einen so großen
Abstand zum Ufer einhalten, dass die Entfernung zum sinnvollen
Fotografieren meistens zu groß war. Auf dem Rückweg kamen wir
in ein Gewitter und wurden trotz Überdachung des Bootes klatsch-
nass.

Am nächsten Vormittag machten wir mit einem Guide eine fast
vierstündige Wanderung durch den vorgelagerten Teil des Parks,
der Pufferzone. Der erste Teil unserer Wanderung führte uns am
Ufer entlang. Dort trafen wir an einer leicht ansteigenden nassen
Wiese mit vielen kleineren zurückgebliebenen Tümpeln auf eine
riesige Zahl kleiner Fröschchen, etwa drei bis vier Zentimeter groß,
die vor uns davonhüpften. Es erinnerte an eine Welle, die von uns
weglief und nach einigen Metern wieder verebbte. Man musste höl-
lisch aufpassen, damit man nicht versehentlich auf so ein kleines
Kerlchen trat, das vielleicht gerade im Begriff war, einem unter den
noch erhobenen Schuh zu springen.

Etwas später kam uns eine Gruppe von Einheimischen kleiner Sta-
tur entgegen, deren Gesichtszüge anders, derber aussahen als die
der indischen Hotel- und Forstangestellten. Unser Guide erläuterte,
dass dies Ureinwohner aus diesem Gebiet seien, die man aus dem

Park nach draußen umgesiedelt habe, die aber die Pufferzone des Parks noch nutzen durften. Diese Leute hatten gefischt und kamen gerade mit ihrer Beute wieder zurück. Als wir vom Ufer weg und ins Grüne eindrangen – dabei blieben wir immer auf einem Fußpfad, liefen also nicht querfeldein – sahen wir eine kleine Herde wilder Elefanten in etwa achtzig Meter Entfernung beim Äsen, wobei sie auch belaubte kleine Äste abrissen. Wir gingen aus Sicherheitsgründen nicht näher, beobachteten sie ein Weilchen und gingen dann weiter. Wir gelangten an einen neuen Uferabschnitt, an dem wir eine etwa dreißigköpfige Rotte von Wildschweinen sahen. Danach ging es einen gewundenen Pfad auf eine kleine bewaldete Anhöhe hinauf. Auf diesem Pfad sahen wir kurz hintereinander Trittsiegel, Losung mit Resten von Ameisen und Termiten sowie Grabstellen des Lippenbären. Wieder im Wald, überraschte uns der prächtige Anblick des rot blühenden Wild Coral Tree, fast so schön wie die Flame of the Forest. Wenig später sahen

wir in den Wipfeln hoher Bäume einige Nilgiri-Languren. Sie sind die hier im Süden lebenden Vettern der Hanuman-Languren und bieten mit ihren schwarzen Pelzen und dem gelb-braun umrahmten Gesicht einen wunderschönen Anblick. Allerdings hielten sie sich sehr bedeckt, vielleicht ein Zeichen dafür, dass ihnen hier nachgestellt wird.

Zum Abschluss zeigte uns unser Guide die noch grünen Früchte des Pfefferstrauches, der sich an einem Stamm hochrankte. Werden die Früchte reif, dann sind sie gelblich-rötlich. Werden die Früchte unreif, also grün, geerntet und getrocknet, dann werden sie schwarz, man erhält den Schwarzen Pfeffer. Erntet man die reifen, gelblich-rötlichen Früchte und befreit sie durch Fermentation von der äußeren Schale, dann erhält man den Weißen Pfeffer. Als Heimat des Pfefferstrauches wird die Malabar-Küste angesehen, in deren Nähe unsere Fundstelle lag. Mit circa dreißig anderen Leuten gingen wir nachmittags wieder an Bord eines Bootes für die Seerundfahrt. Wie üblich sahen wir Elefanten relativ weit entfernt – leider nur am Ufer und nicht schwimmend im Wasser – ebenso Gaurs, Sambars und Wildschweine. Die bemerkenswertesten Vogelbeobachtungen waren ein Indischer Wollhals-Storch und ein Fischadler, außerhalb der Schiffsroute auf dem Ast einer Baumleiche sitzend.

Unser letzter Tag sollte wieder einer Wanderung dienen. Diesmal gingen nur meine Frau und ich mit unserem Guide auf eine reine Dschungel-Tour. Es ging durch den Shola-Wald. Shola ist die Bezeichnung für diesen südindischen Regenwald, der sehr hohe Niederschläge erhält, üppig wächst und Bäume bis zu fünfzig Metern Höhe enthält, dem Tummelplatz der Nilgiri-Languren. Vom Niveau des Sees beziehungsweise der Lodge aus, die auf circa tausend Meter Höhe liegen, erstiegen wir einen Bergkegel, der noch ungefähr fünfhundert Meter höher lag und von dem aus wir eine gute Fernsicht hatten.

Ich hatte meine Kamera nicht mitgenommen, weil ich zum einen die Schlepperei satt hatte, zum anderen wieder mit einem Gewitter rechnete und nicht zuletzt in der Lage sein musste, blitzartig auf meinen akuten Durchfall zu reagieren. Ferngläser hatten wir natürlich dabei. Mit ihrer Hilfe konnten wir beim Aufstieg viele farbenprächtige Kleinvögel beobachten, ebenso ein Königsriesenhörnchen und Nilgiri-Languren. Auf einigen Bäumen entdeckten wir Wespennester.

Beim Abstieg stoppte unser Guide plötzlich und deutete auf den Fuß eines großen Baumstammes. Dort saß mit seiner schlanken Länge von etwa 1,40 Metern ein Bengalenwaran. Er schaute uns mit geneigtem Kopf, genauso wie wir es von einer Eidechse her kennen, kritisch und wachsam an. Als wir ihn ein Weilchen beobachtet hatten und einen Schritt näher treten wollten, flüchtete er aber mit großer Schnelligkeit und Behändigkeit bergabwärts und war unseren Blicken schon nach einigen Metern entschwunden. Wir stiegen diese Flanke des Bergwaldes hinab und kamen dann wieder auf nicht mehr so steiles Waldgelände. Hier bedeutete uns der Guide, uns sehr langsam und vorsichtig zu bewegen, da wir uns der Stelle eines Baches näherten, die unter anderem von Sambars als Tränke genutzt wird. Leider war die Wasserstelle leer, doch folgten wir einem Wechsel mit frischer Sambar-Fährte. An einer Naturverjüngung mit noch niedrigen Büschen hörten wir es dann plötzlich brechen und sahen die Köpfe zweier noch junger Sambar-Hirsche sich wie durch Zauberhand über dem Grün entfernen, da ihre Körper ständig verdeckt waren. Nun setzte ich mich auf einen Baumstamm und machte meinen linken Schuh auf, weil es mich am Knöchel so juckte. An der Stelle steckte ein etwa zwei bis drei Zentimeter langer Blutegel, der von der Bewegung des Stiefelschaftes schon halb aufgerieben war und mit meinem Blut zusammen eine unappetitliche Schmiererei zwischen Strumpf und Haut bildete. Wie sich später in der Lodge herausstellte, hatte ich noch einen zweiten und meine Frau ebenfalls einen Blutegel an den Beinen. Der Guide hatte keinen, sein Blut mochten die Egel wohl nicht. Wir gingen jedoch gleich weiter, als der Guide kurz danach plötzlich auf ein Gebüsch deutete und „mouse deer" rief. Ich drehte mich zwar sofort um, konnte aber nur noch einige sich bewegende Zweige dicht am Boden sehen, wo etwas Kleines durchgeschlüpft sein musste. Auch meine Frau hatte nur die Bewegung gesehen, doch bestand kein Zweifel, dass dies nur ein Fleckenkantschil gewesen sein konnte. Die gefleckte Zeichnung des nur hasengroßen Hirschverwandten macht ein schnelles Erkennen im Licht- und Schattenspiel des dichten Unterholzes sehr schwierig. Bevor wir den Regenwald verließen, bewunderten wir noch einige der großen Baumriesen, die mich sehr an ihre Verwandten in der Regenwaldzone des Kilimandscharo in Tansania erinnerten und die wir beim Auf- und Abstieg auf den Kibo gesehen hatten. Das war also Periyar, fast ganz im Süden Indiens. Leider war unsere Zeit hier nach vier Tagen bereits um. Wir machten uns anderntags sehr zeitig auf die Rückreise nach Cochin, wo wir den Flug nach Mumbai erreichten. Dort konnten wir uns noch einige Stunden in einem Hotel nahe des Flughafens ausruhen, bevor es mit der Swissair ganz früh am anderen Morgen wieder nach Zürich ging. Wenn ich wegen meines Durchfalls auch froh war wieder daheim zu sein, so bedauerte ich doch, dass unsere interessante Reise in die verbliebenen Reste der indischen Wildnis schon zu Ende war.

Allerdings war mir klar, dass – um den gesamten subindischen Kontinent einigermaßen repräsentativ abzudecken – noch mindestens zwei bedeutende Nationalparks zu besuchen waren, einer in Nepal (Chitwan) und einer in Sri Lanka, dem früheren Ceylon (Yala). Ich nahm mir vor, nächstes Jahr nochmals eine entsprechende Reise zu machen, nach Möglichkeit auch noch nach Rajasthan, um neben zusätzlichen Wildarten auch eine Halbwüste kennen zu lernen.

Sumpfkrokodile und Wasserbüffel
Yala / Sri Lanka

Ich stand vor dem verrosteten Eisenkäfig der Panther und staunte über dieses riesige Männchen – einen größeren Leoparden hatte ich noch nie gesehen, gewichtsmäßig konnte er es bestimmt mit dem Jaguar gleich nebenan aufnehmen.

Der Zoo von Dehiwala, einem Stadtteil von Colombo, war alles andere als modern, die meisten Tiere hatten eine ärmliche, etwas kleine und nicht unbedingt artgerechte Unterbringung.

Siri, meinem Fahrer, hatte ich zwei Stunden frei gegeben und wollte durch diesen Zoobesuch meine Stadtbesichtigung abschließen, die übrigens bei weitem nicht so interessante Kolonial- und Tempelbauten zu bieten hat wie die bekannten indischen Städte. Dafür aber war das Militär ständig präsent, um Anschläge der rebellierenden Tamilentiger zu verhindern, die gerade in der letzten Zeit anlässlich der Wahlen ziemlich blutig verlaufen waren. Zwei Tage vorher, am 14. Februar 2000, war ich zu Anfang meiner zweiten Reise durch den subindischen Kontinent in Mumbai (Bombay) eingetroffen und über Chennai (Madras) nach Colombo in Sri Lanka geflogen. Morgen wollte ich in den Yala-Nationalpark im Südosten der Insel aufbrechen.

Vorerst aber schaute ich mich noch genau im Zoo um; insbesondere einheimische Tierarten interessierten mich. Diese waren eigentlich gut vertreten, wobei ich mir vor allem die Chinkaras (Indische Gazellen), den Lippenbär und die Binturongs ansah, da ich diese Tiere auf der bevorstehenden Reise entweder nicht oder nur mit viel

Glück zu Gesicht bekommen würde. Speziell die Binturongs waren in diesem tropischen, bereits 36 Grad Celsius warmen Sri Lanka nicht zu Hause, sondern stammten aus der nördlichen Zone des subindischen Kontinents, den Himalaya-Vorbergen. Der Binturong gehört zu den Zibetkatzen und sieht durch seine lange Behaarung aus wie eine Kreuzung zwischen Bär und Katze. Zu diesem Eindruck trägt auch seine Größe bei, denn sein Körper ist etwa 80 Zentimeter lang und auf den Schwanz kommen nochmals 70 Zentimeter. Ebenso wie Bären sind auch sie Allesfresser. Diese beiden machten gerade Siesta und lagen, genauso wie in den dichten Wäldern in denen sie leben, zusammengerollt in einem hohlen Baumstamm.

Die Fahrt am nächsten Tage dauerte für die nicht so weite Entfernung von ungefähr 300 Kilometer länger als acht Stunden, da die Straßen schlecht und stark befahren waren. Für mich war die Fahrt aber interessant, da Siri die Küste entlang fuhr. Man sah rechts, also südlich, immer wieder das Meer und Fischer mit ihren Fängen, die vor allem aus Thunfischen bestanden. Auf der anderen Straßenseite strotzte eine üppige tropische Vegetation in dunklem Grün mit vielen Palmen.

Als wir nicht mehr so weit vom Ruhuna-Bezirk, in dem der westliche Teil des Yala liegt, entfernt waren, sahen wir einige Indien-Nimmersatts mit ihrem sehr treffenden englischen Namen „painted stork" und einige „spotbilled pelicans", zu Deutsch Graupelikane. Kurz danach bemerkten wir vor uns einen wunderschön gezeichneten größeren Bindenwaran, der im Begriff war die Straße zu überqueren. Es war ein über ein Meter langes Tier, das bei mir den Wunsch auslöste, es zu fotografieren. Ich veranlasste Siri sofort anzuhalten, kramte schnell meine Kamera aus dem bereitliegenden Köfferchen und lud einen Film. Währenddessen war der Waran zum Straßenrand gelangt und befand sich bereits in halber Deckung der dort stehenden üppigen Pflanzen. Ich stieg schnell aus und näherte mich vorsichtig, kritisch beobachtet von dem langen Vier-

füßler. Bevor er vollends im Blättergewirr des viel tiefer liegenden Straßengrabens verschwand, konnte ich, auf dem Bauch liegend, einige Aufnahmen machen. Danach pirschte ich mit aller Vorsicht hinterher, sah ihn aber nicht mehr. Als ich aufsah, erblickte ich eine Gruppe von Frauen und Kindern neben dem lachenden Siri. Er erläuterte ihnen gerade, was ich machte, wobei er wahrscheinlich die Bedeutung meines Unterfangens gebührend unterstrich. Jedenfalls musterten sie mich voller Erstaunen ebenso interessiert, wie ich vorher den Waran betrachtet hatte.

Bevor wir zu der Lodge fuhren, in der ich gebucht hatte, wollte ich noch zum Jeepverleih, um einen Spezialtarif für fünf Tage auszuhandeln. Wir endeten mit einem Kompromiss, wie so oft im Leben. Einen Teil seines angeblichen Verlustes holte das Schlitzohr von Vermieter aber dadurch wieder herein, dass er mir seinen jüngsten

Fahrer mit seinem ältesten Landrover schickte. Zu einem harten und erfolgreichen Verhandlungspartner haben mich Ausbildung und Lebenserfahrung demnach wohl nicht gemacht. Mit Siri verstand ich mich von Anfang an gut. Er war etwas klein und rundlich geraten, mit 57 Jahren jünger als ich, eine mit sich zufriedene und dem Buddhismus harmonisch zugeneigte Persönlichkeit sowie ein Meister der zwischenmenschlichen Beziehungen. Er kannte viele Leute, hatte für jeden ein freundliches Wort und stets einen Scherz auf den Lippen. Außerdem besaß er eine fundierte Kenntnis der ceylonesischen Vogelwelt. Wir ergänzten uns hervorragend, zumal er auch gut Englisch sprach und meine Wünsche seinen Landsleuten gut nahe bringen und realisieren konnte. Deshalb nahm ich ihn stets mit in die täglichen Fahrten in den Park, zumal der lokale Fahrer und der Guide schlecht Englisch sprachen.

Im ersten Kapitel habe ich bereits erklärt, warum ich den Yala-Park besucht habe. Der circa 1.300 Quadratkilometer große Park bildet die Heimat für etwa 450 wilde Elefanten. Positiv ist im Gegensatz zu einem vergleichbaren südafrikanischen Park, dass die Elefanten in der üppigen Vegetation ihres subindischen Habitats diesen nicht zerstören. Sie richten natürlich auch Schaden an, indem sie mit Bäumen und Sträuchern genauso rücksichtslos umgehen wie ihre afrikanischen Vettern, doch ist ihre Population pro Flächeneinheit geringer und ihr Biotop klimabedingt weniger empfindlich. Negativ ist aber – nicht nur im Yala, sondern in ganz Sri Lanka – dass nur drei bis vier Prozent der Elefanten Stoßzähne haben. Im Yala zum Beispiel gibt es (im Jahr 2000) nur 15 Bullen mit Stoßzähnen, die alle namentlich bekannt sind. Das ist die koloniale Hinterlassenschaft der Engländer: sie hatten während ihrer langen Anwesenheit auf Ceylon (wie Sri Lanka früher hieß) zum Sport und aus Gewinnstreben, denn Elfenbein brachte viel Geld, alle Stoßzahnträger, deren sie habhaft werden konnten, abgeschossen. Damit hatten sie den

Elfenbein-Genpool weitgehend zerstört. Wie mir Siri erzählte, soll sich insbesondere ein hoher englischer Militärbeamter diesbezüglich hervorgetan haben, der sich rühmte, über 1.500 Bullen erlegt zu haben. „That son of a bitch" entfuhr es mir unwillkürlich. Dieses schnelle Urteil, ganz im Sinne von Siri, freute ihn nicht nur sehr, sondern beflügelte ihn zu der spontanen Aussage, dass dieser Mensch dafür schwer bestraft worden sei. „Wie das", fragte ich. „Der Blitz hat ihn erschlagen" antwortete er befriedigt. „Und selbst in sein Grab schlug der Blitz noch zweimal ein" ergänzte er triumphierend. Ich war zufrieden mit diesem Ausgang und dachte mir noch, wenn doch alle Schuld so unbürokratisch und hoheitlich unanfechtbar bestraft werden würde!

Im Übrigen gelang es den Engländern im restlichen subindischen Kontinent aber nicht – wie ich in Indien bereits festgestellt hatte und in Nepal noch feststellen sollte – eine ähnliche Misere anzurichten. Dort hatten die Maharadschahs und der nepalesische König ihren Einfluss noch nicht ganz verloren, außerdem waren die Gebiete mit Elefantenvorkommen um ein vielfaches größer.

Diesen Zustand traf ich an, als ich am nächsten Tag zum ersten Mal in den Park fuhr: von den fünf oder sechs Bullen, die wir an diesem Tag sahen, hatte keiner Stoßzähne. Sie waren aber, das konnte man auch feststellen, im Durchschnitt etwas größer als ihre nördlichen Verwandten. Warum das so ist, konnte ich in der Literatur nicht herausfinden, doch war dort nachzulesen, dass diese etwas größere ceylonesische Rasse wegen ihrer Vorliebe für einen nassen Biotop als Sumpfelefanten bezeichnet wird.

Ebenfalls eine eigene Rasse stellen die wilden Wasserbüffel (Arni) dar, die in Sri Lanka leben. Nur im Yala gibt es noch diese reine Unterart der Ceylon-Wasserbüffel (Bubalus b.arnee hosei). Wie auch die Rassen beziehungsweise Unterarten aus Nordindien und Nepal (hier gibt es nur noch geringe Bestände) sowie in ihrem

Hauptvorkommen in Assam (Kaziranga und Manas) zeichnen auch
sie sich durch wesentlich größeren und massiveren Körperbau aus
im Vergleich zu dem domestizierten Wasserbüffel. Leider ist es

aber so, dass die Hausbüffel von allen drei Landseiten (die Ostgren-
ze des Yala-Parks wird durch die Küste des Indischen Ozeans ge-
bildet) in den Park einwandern und sich mit den Wildbüffeln ver-
mischen. Die wilden Bullen legen sich gern einen Harem aus Kühen der Hausbüffel an; die domestizierten Bullen abzuschlagen
oder gar zu töten ist für sie kein Problem. Dadurch verwässert sich
aber das Genmaterial dieser Arni, die wilde Stammform droht langfristig auszusterben. Außerdem übertragen die Hausbüffel Krankheiten, gegen die ihre wilden Vettern nicht resistent sind. Eine
Gruppe von Hausbüffeln sahen wir nicht weit vom Parkeingang in
einem Schlammloch liegen, dort waren sie den ganzen Tag über
und auch an den nachfolgenden Tagen anzutreffen.

Wie so oft auf dem subindischen Kontinent steht die Parkverwaltung diesem Problem ziemlich hilflos gegenüber, denn für Zäune
fehlt das Geld, abschießen darf man die in den Park eindringenden

Haustiere aus religiösen Gründen nicht, und die anwohnende Landbevölkerung erhebt regionalpolitisch unterstützten Anspruch auf
Nutzung des Parks. Außerdem werden andererseits auf den Feldern
außerhalb des Parks von Wildtieren Schäden verursacht, die den
Bauern nicht erstattet werden. Neben Elefanten und Arni sahen wir
einige Indien-Nimmersatts, wobei wir an einen dicht heranfahren
konnten.

Weiterhin bekamen wir einen Einfarb-Hauben-adler und Wildschweine zu Gesicht. Letztere sind durch Abwesenheit des Tigers
ziemlich häufig, da der Panther bei ihnen nur sehr begrenzt die Rol-

le eines Regulators spielen kann. In der Regel schafft er es nur, Frisch-linge und Überläu-fer zu schlagen. Dies ist aber auch nicht einfach, da die Jungtiere im-mer mit der Rotte ziehen und von den älteren Sauen, die sich im Nor-malfall gegen ei-nen Panther durch-setzen können, ve-hement verteidigt werden.

Als wir am Nach-mittag auf zwei

haltende Jeeps stießen, schauten wir in die angegebene Richtung und sahen auf einem Ast eine junge Pantherin liegen, die mit etwas unruhigen Blicken die Autos in der Nähe ihres Baumes beobachtete. Sie sah aus als ob sie sich nicht getraut hätte mit ihrer Mutter zusammen auf Jagd zu gehen, und bei dem Rummel da unten wohl nichts sehnlicher wünschte, als dass diese bald käme um sie abzuholen. Während der nächsten zwanzig Minuten, in denen sie oft fotografiert wurde, rutschte sie unruhig auf ihrem Ast hin und her und sicherte, so schien es, immer wieder von den Autos weg tiefer in den Dschungel hinein. Tatsächlich kam dann auch von dort plötzlich ein Laut, den ich nur undeutlich vernahm, von dem mein Guide aber sagte, dass es der Ruf der Mutter gewesen sei. Die junge Pantherin setzte sich sofort in Bewegung, verfing sich in der Eile im Lianengewirr unterhalb ihres Astes, kämpfte sich frei, glitt den Baumstamm vollends hinunter und verschwand in der Richtung, aus der der Laut gekommen war, im Dschungel. Mein Guide gab dem Fahrer sofort Anweisung, auf unserem Waldweg weiter vor zu fahren, der dort eine kleine Biegung machte. Und tatsächlich, nur etwa fünfzehn Meter vor uns überquerten nicht nur zwei, sondern drei Panther den Fahrweg: vorneweg die Mutter, gefolgt von ihrem Sohn, der sie offensichtlich bei der Jagd bereits begleiten durfte, und dahinter die eben zu ihnen gestoßene kleinere Schwester. Die Überquerung des Fahrweges geschah jedoch so rasch, dass die Zeit für ein Foto nicht ausreichte. Ein Weilchen sahen wir noch die gefleckten Gestalten schemenhaft hinter den Büschen weiterziehen, dann waren sie unseren Blicken vollends entschwunden. Das war ein schönes und seltenes Erlebnis gewesen.

An diesem Abend machte ich noch eine andere Entdeckung: den ganzen Tag schon, wie auch an den folgenden Tagen, sahen wir viele Ceylon-Hühner (Gallus lafayetti), die aussahen wie Bankivahühner, die ich aus Indien schon bestens kannte. Irgendwie sah der Hahn aber etwas anders aus. Erst beim genaueren Hinsehen bemerkte ich die Rassenunterschiede: auf seinem Kamm hat er im Gegensatz zu seinem indischen Verwandten einen gelben Fleck, die Brust ist eher orange als schwärzlich. Besonders eindrucksvoll zeigten sich am nächsten Vormittag die Pfauen. Die Hähne balzten gerade, und sobald eine Henne auf den Plan trat, entfaltete der Hahn sein prachtvolles Rad. Ein anderer Hahn, der direkt auf dem Fahrweg balzte, flüchtete vor dem sich nähernden Jeep auf einen Baum. Auch Mungos sahen wir einige, doch waren sie schnell wieder im Unterholz verschwunden.

Lohnender war der Anblick eines großen Arni-Bullen, der leider etwas weiter weg im Wasser stand. Wie sich später herausstellte, war er der zweitgrößte Bulle, den ich im Park sah. Er hatte bereits einen mächtigen Körper und respektables Gehörn, obwohl er noch nicht sehr alt aussah. Spannweite und Länge des Gehörns (über die Krümmung gemessen kann es weit über zwei Meter erreichen) stellen das Maximum bei den Wildrindern dar, auch im Gewicht ist der wilde Wasserbüffel führend, mit bis zu 1.200 Kilogramm etwas schwerer als Gaur, Wildyak, Wisent und Bison. Lediglich in der Schulterhöhe rangiert der Arni-Bulle hinter Gaur und Wildyak, weil diese beiden Arten die hohen Dornfortsätze im Schulterbereich haben.

Beeindruckend aus der Welt des Kleinen waren die bunten Bienenfresser, die wir auf ihren Jagdflügen beobachten konnten. Sie schienen paarweise zu jagen, denn sehr oft sah man zwei Vögel in der Nähe zusammen auf Zweigen sitzen, die zwischendurch abwechselnd auf Insekten jagten. Erst als einer – es war ein Smaragdspint – für einen Moment ruhig saß, klappte es mit einem Foto.

Was ich aber gerne sehen wollte, waren außer den Sumpfkrokodilen (Bild) auch die großen, an das Salzwasser angepassten Leisten-

krokodile, die es zwar in den Brackwasser-Zonen des Yala auch gibt, die aber bedeutend häufiger in dem nahen anderen Park vorkommen. Dieser Park trägt den Namen Bundala und liegt südlich des Yala.

Dorthin fuhren wir am Nachmittag. Ich hatte gelesen, dass der Bundala vor allem seiner vielen Vogelarten wegen bekannt ist, sozusagen ein Muss für Ornithologen. Auf der Hinfahrt ergänzte Siri mein Wissen noch mit Hilfe des hierfür eingesetzten Fahrers, der gleichzeitig auch Guide war, und seinen Jeep sehr kompetent über die extrem schlechten Wege steuerte. Ich erfuhr dabei unter anderem, dass erst vor drei Monaten, im November 1999, eine deutsche Ärztin in diesem Park von einem Elefanten-Bullen getötet wurde. Sie war aus dem Jeep gestiegen, weil sie den Bullen unbehindert fotografieren wollte. Der Bulle hatte sich ihr plötzlich schnell genähert und sie mit dem Rüssel niedergeschlagen. Seitdem war das Aussteigen auch im Bundala verboten. Hinsichtlich der Leistenkrokodile sah ich etliche, zum Fotografieren aber doch zu weit entfernt, lediglich mit dem Fernglas konnte man die in der Sonne ruhenden Tiere im Detail beobachten. Viel besser konnte ich die Tiere allerdings im Kakadu-Nationalpark in Nordaustralien beobachten, denn bis dorthin geht ihre Verbreitung in einem riesigen Bogen entlang der Ostküste Indiens über den Sunda-Archipel, die Philippinen und Neuguinea, also über ganz Südostasien und den Indomalayischen Archipel.

Leider gab es auch im Bundala eingedrungene Hausbüffel. Eine Kuh hatte einen blutigen, vereiterten und geschwollenen Vorderlauf, den sie nicht mehr benutzen konnte. Sie war bereits stark abgemagert. Siri erläuterte, dass hier gewildert werde und die Kuh vermutlich in die Drahtschlinge eines Wilderers gekommen sei. Ich fragte Siri, warum dann die Parkverwaltung so ein Tier nicht durch Abschuss erlöst, um seine Qualen zu beenden. Er erwiderte, dass dies aus religiösen Gründen völlig unmöglich sei. Wir fuhren zu einem Aussichtspunkt an die Küste, von wo aus man die bewegte Brandung, die sich in den Felsen schäumend brach, bewundern konnte. Eine große Wasserschildkröte, die dort versehentlich hineingeriet, wurde in die Luft gewirbelt bevor sie sich wieder in tieferes Wasser retten konnte. Inzwischen hatte sich der Himmel mit dunklen Wolken überzogen und es fing an zu regnen. Unser Fahrer rollte die am Dach aufgespannte Persenning an den Seiten hinunter und wir fuhren wieder heimwärts. Gleich nach ein paar Metern begegneten wir einer anderen Schildkröte; diesmal war es eine Sternschildröte, eine der häufigsten Landschildkröten auf dem subindischen Kontinent. Im weiteren Verlauf der Heimfahrt gab es einen richtigen Wolkenguss, so dass wir trotz der schützenden Persenning nass wurden. Am nächsten Vormittag war wieder gutes Wetter und wir setzten unsere Pirschfahrten im Yala fort. Auf dem Weg in einen abgelegenen Teil des Blockes I des Yala (die anderen Blöcke waren von dieser Seite nicht zugänglich und Block II, das ist der Yala East nördlich des Flusses Menik Ganga, war wegen der Rebellen gesperrt) sahen wir einen stattlichen Bengalenwaran, der aber gegenüber dem bunten Bindenwaran viel schlichter gefärbt, nur braungrau ist. Weiterhin bekamen wir Mungos zu Gesicht, je einen Haubenadler und einen Schlangenhabicht sowie ein Sumpfkrokodil. Danach, als wir in eine dicht bewachsene Zone kamen, lief uns der stärkste im Park angetroffene wilde Wasserbüffel-Bulle über den Weg. Leider war er sehr scheu; als er den Landrover sah, zog er sofort in die Büsche. Obwohl es mir nicht gelang ihn zu fotografieren, konnte ich ihn aber doch im Moment der überraschenden Begegnung gut sehen. Er war größer und stärker als der am Vortage fotografierte Bulle, sicherlich auch älter. Kurz vor dem Ende des Weges in diesem abgelegenen felsigen nordwestlichen Teil, der angeblich viele Lippenbären beherbergen sollte, entdeckte ich in der Tat an zwei felsigen Stellen Bärenlosung. Frische Trittspuren sahen wir aber nicht, erst recht keinen lebenden Bären. Im Mai und Juni würde man sie hier häufig sehen, erfuhr ich. Da seien die Früchte reif, vor allem die der Palu- und Vira-Bäume – die Bären würden dann zuverlässig zur Ernte erscheinen. Am Wegende parkten wir und machten eine kleine Rast. Unser Guide verschwand auf ein paar Minuten, um einem

Naturbedürfnis nachzugeben. Als er wiederkam, rannte er noch, er atmete schnell und sah etwas bleich aus. Auf unsere fragenden Blicke hin erzählte er, dass er, kaum dass er mit seinem Geschäft fertig geworden war, einen unwillig dreinschauenden Arni-Bullen hinter sich vorfand. Da er die Hose schon wieder oben hatte, spurtete er sofort los und kam in Rekordtempo zurück.

In den Nachmittagsstunden konnte ich eine schöne Aufnahme eines jungen Einfarb-Haubenadlers machen, der durch seine weiße Bauchseite gekennzeichnet ist. An diesem Merkmal und dem schwarzen Schnabel unterscheidet er sich vom Indischen Schlangenhabicht, der zwar die gleiche Größe und braune Rückenfärbung hat, aber einen gelben Schnabel und eine braune Bauchseite. Den Heimweg machten wir wieder unter einem Wolkenbruch und heftigem Gewitter, wobei wir noch nässer wurden als am Vortag.

Als wir am nächsten Morgen in den Park fuhren, bekamen wir einen neuen Guide. Er brachte uns insofern Glück, als wir endlich

stoßzahntragende Elefantenbullen sahen, und dies kurz hintereinander. Die erste überraschende und sehr nahe Begegnung hatten wir mit „Dschingis Khan", einem etwa vierzigjährigen Bullen. Besonders groß waren seine Stoßzähne allerdings nicht. Sehr viel jünger und kleiner war der zweite Stoßzahnträger, der bereits bei noch großem Abstand des Autos wieder in die Büsche zog.

Auf der weiteren Fahrt passierten wir einen Teich, der ziemlich eng mit Seerosen und anderen Wasserpflanzen bedeckt war. Auf den ersten Blick in diese Richtung sah man nur einen schwarzgrauen Fleck, der wie das Hinterteil eines Wildschweins aussah. Und genau das war es auch, denn zwei Sekunden später tauchte auch der dazugehörige Kopf- und Schulterbereich aus dem Wasser, in dem dieser mittelalte Keiler sich eine ordentliche Portion Wasserpflanzen ausgerupft hatte und nun genüsslich verzehrte.

Den nächsten kleinen Halt machten wir an der kommenden Wasserstelle, die von einem kleinen Fluss gespeist wurde mit einem Damm in der Nähe. Dort lag ein nur etwa zwei Meter langes Sumpfkrokodil in der Sonne, nicht weit entfernt stand ein Paddyreiher auf einer Steinplatte. Es sah so aus, als ob der Reiher das Krokodil im Auge behielt – diese Echsen stellen auch Wasservögeln nach – und mit seinem anderen Auge den Uferrand auf Beute hin beobachtete. In etwas größerer Entfernung sahen wir noch einen Riesenstorch (auch Indien-Großstorch genannt) und einen Sunda-Marabu.

In der Mittagspause verließen wir immer den Park, um zu essen. Außerdem machten wir, ebenso wie die Wildtiere, eine zweistündige Siesta. Über dem Balken vor der Rezeption der Lodge, wo ich meinen Schlüssel holte, saß ein wohlgenährtes Graues Riesenhörnchen, etwas kleiner als die in

Südindien angetroffenen Königsriesenhörnchen, das auf etwas zu warten schien. Der Angestellte reichte mir eine kleine Banane, die ich abschälte und dem Hörnchen hochhielt. Es biss in die Banane und riss sie mir kräftig aus den Fingern. Dann fing es auf besagtem Balken gleich mit der Mahlzeit an.

Nachdem wir schon viele der häufig vorkommenden Indischen Mungos gesehen hatten, gelang es mir am Nachmittag zum ersten Mal, die größere Art zu sehen. Wir entdeckten diese Halsstreifen-Manguste, als sie sich ziemlich schnell durch die Büsche bewegte. Auf der weiteren Fahrt sahen wir am Wegrand einen Schwarznacken-Hasen sitzen, der das große laute Ding, unser Auto, aufmerksam beobachtete, bevor er in das Unterholz schlüpfte.

Da heute wohl der Tag der Stoßzahnelefanten war, trafen wir auch glücklich auf den dritten, ebenfalls jüngeren Elefantenbullen mit Stoßzähnen, von denen es wie schon erwähnt nur 15 im Yala gibt. Er hatte sich als Sonnen- und Insektenschutz den Rücken mit Hilfe seines Rüssels gründlich mit rotem Erdstaub eingepudert.

Bei all dem was wir zu sehen bekommen hatten verging natürlich die Zeit, wir mussten wieder den Nachhauseweg antreten. Da es wieder leicht zu regnen anfing, ließen wir die auf dem Dach aufgerollte Persenning als seitlichen Regenschutz hinunter. Hinten hinaus war es offen, dort hinaus konnte man gut sehen, wenn man mit dem Rücken zur Fahrtrichtung saß, wie ich mich gesetzt hatte. So beobachtete ich einen sehr großen Keiler, dessen linkes Ohr vollkommen zerschlissen war. Der Guide schätzte ihn auf über 170 Kilogramm, er war aber für eine Aufnahme zu weit weg.

Als wir auf den schmalen geraden Weg zum Parktor einbogen, sahen wir schon von weitem, wie uns ein mächtiger Elefant ohne Stoßzähne entgegen kam. Wir fuhren langsam näher und hielten dann ganz links an, denn vorbei fahren konnten wir nicht, dazu war der Weg zu schmal. Mein Guide schätzte den Bullen auf ungefähr 45 Jahre und seine Schulterhöhe auf über drei Meter. Auf Rücken und Kopf hatte er, wie sein Vorgänger, roten Erdstaub geblasen. Da

wir weder vor- noch zurückfahren konnten, warteten wir darauf, dass der Bulle rechts vorbeiging. Der Guide veranlasste den Fahrer, den Motor auszuschalten, da manche Bullen sonst aggressiv würden und den Wagen angriffen. Im Zeitlupentempo schob sich der Bulle, der gar nicht daran dachte ins Gebüsch auszuweichen, am Fahrer vorbei, der ebenso wenig ein Fenster hatte wie ich hinten. Den Fahrer streifte der Bulle mit seinem dicken Bauch zwar nicht, wohl aber die heruntergelassene Persenning auf meiner Seite, während Siri auf der anderen Seite saß. Während dies passierte, schlüpfte ich von der hinteren Öffnung weg etwas mehr nach vorne. Der Bulle blieb nun stehen und langte mit dem Rüssel durch die hintere Öffnung. Während ich schnell meine Kameras zu mir herzog, war der Guide von seinem Beifahrer-Sitz nach hinten geklettert und schrie nun den Elefanten lauthals mit schriller Stimme an, dabei auf die kleine niedrige Hintertür tretend. Dieser Lärm war dem Bullen höchst unangenehm, er machte einige schnelle Schritte weg von diesem Lärmobjekt. Der Fahrer nutzte diese Situation sofort, um den Landrover schnell zu starten und anzufahren. Ich fragte den Guide, was er denn dem Bullen zugerufen habe. Er sagte, das sei das singhalesische Wort für Elefant gewesen, das man mit so hoher Stimme ausspricht. Es war also tatsächlich so wie ich es gelesen hatte, dass die Elefanten des Yala im Allgemeinen sehr friedfertig sind.

Wie jeden Abend bei unserer Rückkehr in die Lodge, so waren auch heute wieder eine Rotte von 30 bis 40 Wildschweine auf dem Küchenhof und über das ganze Hotelgelände verstreut, darunter auch starke Keiler. Auch ein Elefant kreuzte hier manchmal auf, ein Warn-Hinweis gemahnte, von ihm Abstand zu halten.

Wie die anderen Hotelgäste, so nahm auch ich mein Abendessen immer in dem seitlich offenen, aber überdachten Restaurant ein. Heute blickte ich zufällig nach oben und sah in der Verkleidung der Tischleuchte vier Geckos sitzen, die auf kleine Fliegen lauerten. Einer bewegte sich auf eine Fliege zu. Seine Schwanzspitze kam dadurch dem Maul eines anderen Geckos nahe, der sofort zuschnappte. Während der solchermaßen Festgehaltene im Kreis ging und sich dabei schüttelte, um seinen Schwanz wieder frei zu bekommen, versuchte der andere, immer mehr davon ins Maul zu schieben. Bevor meine Suppe kalt wurde gelang es dem Opfer jedoch, sich wieder zu befreien.

Obwohl es nachts weiterhin regnete, war morgens wieder schönes Wetter. Und wir sahen etwas später am Vormittag auch wieder etwas sehr Interessantes: Eine Familie des Indischen Mungo, Mutter mit Tochter und Sohn. Ich veranlasste sofort, dass gehalten und der Motor abgestellt wurde; wir beobachteten die drei Tiere mindestens eine halbe Stunde. Während die Tochter etwas abseits saß, balgte sich ihr Bruder mit seiner Mutter. Manchmal sah es so aus, als ob er versuchte, mit ihr trainingshalber zu kopulieren. Doch sie nahm dies von der spielerischen Seite und es war ergötzlich anzusehen wie wendig die beiden Mungos miteinander umgingen.

Der Sohn wurde schließlich müde und gesellte sich zu seiner Schwester; zuvor kam er ganz dicht an den Landrover und schaute mir genau in die Kamera.

Als wir weiterfuhren, sagte ich zu Siri, dass Mungos doch ideale Haustiere wären, da sie auf dem Anwesen sicherlich Mäuse, Ratten und Schlangen kurz hielten. Er erwiderte, dass sie in Sri Lanka dazu nicht verwendet würden, weil sie den kleinen Jungen ihr Anhängsel zwischen den Beinen abbeißen würden. Ich unterdrückte mein Lachen und sah ihn betont zweifelnd an; er bemühte sich, schnell hinzuzufügen, dass es sich um einen alten Aberglauben handle, nach dem man sich aber immer noch richte.

Wie schon ein oder zwei Mal zuvor, so fuhren wir auch jetzt wieder an einem Teich vorbei, dessen Oberfläche vollkommen mit der grünen Grütze von Wasserlinsen überzogen und völlig bewegungslos war, als ob sich kein Wasser darunter befände. Diesmal jedoch hielten sich zwei Wasserbüffel-Bullen darin auf. Der eine wirkte wie ein Tarnkappen-Büffel, weil man seinen Kopf und Vorderkörper, bedeckt von der grünen Schicht, fast nicht von dem grünen

Hintergrund unterscheiden konnte.

Auf dem Weg zurück zum Parktor bemerkte ich plötzlich ganz in der Nähe Wildschweine. Es war eine Bache, die gerade eine größere Wasserpfütze durchquerte und der etwa ein Dutzend Frischlinge hinterher wuselten. Ich machte schnell eine Aufnahme von dem seltenen Schauspiel. Da die Größe der Frischlinge zwei Alterskategorien zuzugehören schien, handelte es sich offensichtlich um den Kindergarten von zwei Bachen, wovon wir die zweite aber nicht zu Gesicht bekamen. Nur ein Stückchen weiter fanden wir fünf Sauen

nebeneinander im Schlamm liegen, eine Bache mit vier Überläufern.

Eine andere Art die heißen Mittagsstunden zu verbringen demonstrierte ein noch jüngerer wilder Wasserbüffel-Bulle in einer Pfütze, die wir anschließend passierten. Von ihm waren nur Kopf und Gehörn außerhalb des lehmgelben Wassers zu sehen. Als wir an einem größeren Gewässer vorbei kamen, fiel mir zwischen Uferbewuchs und einem Baum ein blauer Fleck auf, der wie ein Edelstein funkelte. Beim näheren Hinzufahren stellte er sich als ein Kappenliest heraus, ein Verwandter unseres Eisvogels, der auf einem Ast saß und das Wasser unter ihm nach Beute absuchte. Wir hatten uns vorgenommen, den Nachmittag speziell für die Suche eines Panthers zu verwenden, indem wir uns auf die felsige Gegend konzentrierten, in denen sie am häufigsten gesehen werden. Ich dachte an eine Episode über die Jagdlist der Panther, die Champion erzählte, und hoffte, vielleicht auch Zeuge einer solchen Situation zu werden. Diese Episode sei hier wiedergegeben (Zitat G2):

„... in der folgenden Geschichte, die durch einen nepalesischen Tharu namens Ramji übermittelt wurde. Diese Geschichte bezieht sich auf Affen jagende Panther, und ich will sie in des Mannes eigenen Worten wiedergeben, ins Englische übersetzt:

Ja Herr, Panther sind sehr kühn und sehr schlau. Hast du jemals einen gesehen wie er einen Affen fängt? Nein. Nun, ich will dir erzählen was vier oder fünf Männer meines Dorfes und ich in dem Teil des Dschungels gesehen haben den du gestern durchgedrückt hast [wahrscheinlich fand eine Drückjagd statt]. Wir waren seit Tagesanbruch beim Pflügen und ruhten uns unter dem großen Mangobaum aus. In den nahen Bäumen waren Rhesusaffen ruhig beim Fressen als plötzlich einer von ihnen den üblichen schrillen Warnschrei ausstieß. Wir hörten dann das Grunzen eines angreifenden Panthers und sahen einen großen Panther einen kleineren Baum zur Hälfte hinauf sausen und dann wieder hinunter, nachdem die Affen ihn verlassen hatten, um sich in einem großen Jamun-Baum in Sicherheit zu bringen. Er jagte nun zu dem Jamun und kratzte das Gras und die Blätter von den Wurzeln weg. Die Aufregung unter den Affen war jetzt außerordentlich und sie sprangen nun in einer erregten Weise in den Zweigen herum, was genau das war, was der Panther erwartete und wollte. Hätte ein Affe seinen Halt verloren

oder wäre ein Zweig unter einem abgebrochen, hätte der Panther seine Beute gehabt. Aber er hatte kein Glück und nach kurzer Zeit sahen wir, wie er sich einige Fuß vom Stamm entfernt am Boden hinlegte als ob er schlafen wollte. Die Affen beruhigten sich schnell und wir konnten sehen, wie sie mit dem größten Interesse auf den Panther hinunter schauten. Nach einer kleinen Weile kletterte einer der Größeren oberhalb von ihm herum und begann Blätter und Zweige auf ihn zu werfen, aber der Panther bewegte sich nicht. Die anderen Affen sammelten sich nun dichter und dichter über ihm und es war klar, dass sie nicht verstehen konnten was geschehen war. Einer kletterte dann in kurzer Entfernung einen Baum hinunter und näherte sich dem Panther einige Schritte, doch dann verließ ihn sein Mut und er flitzte in die Sicherheit zurück. Jedoch bewegte sich der Panther immer noch nicht, und bald waren drei oder vier Affen am Boden, hielten aber guten Abstand zu Klauen und Zähnen. Dies dauerte etwa eine halbe Stunde, die Affen kamen näher und näher, bis zuletzt einer, der mutiger war als der Rest, den Panther mit der Hand berührte. Das war es, auf was der geduldige Jäger gewartet hatte; er schlug blitzschnell zu, packte den neugierigen Affen und trug sein Opfer in den dichten Dornbusch . . . Das, Herr, zeigt die List und die Geduld eines Panthers wenn er hungrig ist, und wie die Neugier der Affen sie ins Verderben führen kann. - Obwohl ich selbst nie das seltene Glück hatte einen solchen Trick zu beobachten, erscheint mir die Geschichte wahr. Die Tharus sind ein analphabetisches einfaches Naturvolk, natürlich, ehrlich und direkt, und es gibt keine Veranlassung, hier aufzuschneiden."
Soweit die Geschichte, die im Chitwan von Nepal spielte. Hier im Yala waren ja die Panther eher tagaktiv, da es keine Tiger gab. Doch es half alles nichts, wir sahen den ganzen Nachmittag über keinen Panther. Erst gegen Abend, nach vielen vergeblichen Rund-

fahrten, trafen wir auf zwei haltende Autos, von denen aus die Insassen die runde Kuppe einer Felsformation beobachteten. Ich
nahm sofort mein Glas zur Hand und tatsächlich – da lag ein starker
männlicher Panther auf der Felskuppe und ließ sich vom noch
warmen Fels und den letzten Sonnenstrahlen wärmen. Wir mussten
unsere Position mit dem Auto verändern, dann machte ich in der
schon leichten Dämmerung auf die große Entfernung zwar einige
Bilder, beobachtete aber vor allem mit dem Fernglas. Als die Sonne
verschwand, begann das Tier sich zu dehnen und strecken, glitt
dann gemütlich die Felskuppe hinunter und tauchte im Busch unter.
Mein letzter Tag begann am nächsten Morgen mit schönem Wetter.
Ich bat den Guide, sich nochmals auf die Panthersuche zu machen,
nachdem er berichtete, dass gestern Abend in einer anderen Parkgegend zwei Panther, ein Weibchen mit Jungtier, gesehen worden
waren. Bevor wir aber dort hin fuhren, kontrollierten wir nochmals
die Gegend genau, wo wir am Vorabend den starken männlichen
Panther gesehen hatten. Wir taten das sehr sorgfältig, indem wir die
viel versprechenden Wege mehrmals abfuhren, doch hatten wir keinen Erfolg. In der anderen Parkgegend, in die wir anschließend fuh-

ren, fanden wir aber wenigstens die
aus der Nacht stammenden Spuren
der Pantherin mit Jungtier.
Auf den Heimweg kamen wir an einigen jüngeren wilden Wasserbüffel-Bullen vorbei. Zwei davon
kämpften miteinander, nicht ernsthaft, aber doch so, als ob davon ihre
Stellung im Junggesellen-Klub ab-
hängen würde.
Der Nachmittag sollte in erster Linie dazu dienen, noch ein Foto des

Indien-Klaffschnabels, eines auf den Verzehr von Schnecken spezialisierten Storches, zu machen. Ich hatte schon etliche Klaff-
schnäbel gesehen, doch waren sie alle für ein brauchbares Foto zu
weit weg gewesen. Diesmal klappte es sehr gut, indem ich ein na-
hes Exemplar fand, bei dem man von der Seite her durch den ge-
schlossenen Schnabel sehen konnte.

Ein anderes schönes Motiv, das ich etwas später sah, nahm ich gerne noch mit: in einem größeren Teich stand ein Wasserbüffel, von
dem nur Kopfoberteil und Widerrist herausschauten. Auf dem Rücken, wie auf einer kleinen Insel, stand ein Kuhreiher, Rücken und
rechte Kopfseite mir zugewandt.
Wir fuhren langsam weiter in eine Gegend, in der wir noch nicht
waren. Dort bemerkte ich plötzlich links vor unserem Wagen am
Dickungsrande einen kapitalen Keiler, der sich an etwas zu schaffen machte. Der vorne sitzende Guide und Fahrer hätten ihn eigent-

lich sehen müssen, doch schienen sie nicht richtig wach zu sein, denn mein sofortiges „Stopp" hörten sie auch nicht und fuhren weiter. Bei meinem zweiten, lauteren Ausruf hielt der Fahrer, jetzt aber direkt neben dem riesigen Keiler; dem war dies natürlich zu viel und er verschwand im Busch. Die wunderbare Chance, so einen großen Keiler zu fotografieren, war vertan. Ich sagte dem Fahrer resigniert, er solle weiterfahren, doch bereits nach drei Metern ließ ich ihn wieder halten. Ich gewahrte nämlich das Luder eines jungen Sambars, an dem der Keiler gefressen hatte als wir ihn störten. Wir warteten an dieser Stelle einige Zeit, doch kam weder der Keiler zurück, noch tauchte der Panther auf, von dem der Riss wahrscheinlich stammte. Lediglich einige Dickschnabelkrähen kamen, um sich ungestört zu bedienen.

Wir waren am Spätnachmittag schon wieder Richtung Parktor unterwegs, als vor uns drei Autos standen, zwei voll beladen mit schwatzenden lokalen Besuchern, Pilgern, die zu dem nahen buddhistischen Wallfahrtsort Kataragama wollten. Auch große Busse dieser Pilger fuhren manchmal durch den Park, man sah das genau, weil die Kühler der Fahrzeuge immer mit einem Strauß eines bestimmten Grases – das Zeichen der Pilgerfahrt – geschmückt waren. Hier hielten die Autos bei zwei stoßzahnlosen Elefantenbullen, die neben dem Fahrweg in den Büschen standen. Während der eine dort weiter fraß, ging der andere auf den Fahrweg, der zum Teil von den haltenden Autos (mit abgeschaltetem Motor) blockiert war. Es war bemerkenswert, mit welcher Ruhe und selbstverständlichen Souveränität sich der große Bulle, der die vier Autos hoch überragte, im Slalom zwischen ihnen hindurchwand. Im Vergleich zu den schwatzenden Singhalesen hinterließ der Elefant den Eindruck, als ob hier ein abgeklärter Gentleman ginge, ohne sich von den gaffenden und schwatzenden Gassenjungen provozieren zu lassen.

Bei dieser Gelegenheit wurde mir klar, wie sinnvoll die Bestim-

mung der Parkverwaltung war, dass jedes Auto, ob Jeep oder
Kleinbus, überdacht sein musste, mit Blechdach oder Persenning,
damit die Leute sich nicht aufrichten und die Tiere nicht noch mehr
stören oder gar ärgern konnten als durch die nur seitlich erlaubten
Öffnungen. Die Parkverwaltung kannte ihre Landsleute genau und
reagierte folgerichtig auf deren Mentalität und Verhaltensweise.
Überhaupt hatte ich den Eindruck, dass die Leitung des Parks sich
sehr bemühte, den großen Zustrom an Besuchern so umweltverträg-
lich wie möglich zu lenken, was sicherlich keine leichte Aufgabe
ist.

Nach Verlassen des Parkausgangs zeigte sich zum Abschied meines
Parkbesuches ein schöner Sonnenuntergang, ein zauberhaftes und
besinnliches Ende eines interessanten Tages und eines sehr lohnen-
den Aufenthalts.

Lassen Sie mich, werte Leserinnen und Leser, hier noch etwas
nachtragen: Sie erinnern sich sicherlich noch an das Seebeben, das
an Weihnachten 2004 im Indischen Ozean stattfand und den verheerenden Tsunami auslöste; durch ihn wurde unter anderem auch
Sri Lanka und der Yala heimgesucht. Etwas entfernt vom Ufer, an
dem ich fünf Jahre zuvor während meines Parkaufenthaltes in einer
Lodge übernachtet hatte, gibt es nur wenige Kilometer landeinwärts
höher gelegene Flächen mit Felsformationen. Dorthin begaben sich
plötzlich die Wildtiere (Elefanten, Wasserbüffel, Hirsche, Affen
und Vögel), einige Zeit bevor die Riesenwelle die Ostküste erreichte und einen weiten Uferbereich zerstörte. Sie konnten sich – im
Gegensatz zu den nichtsahnenden Singhalesen und Touristen, von
denen 187 Menschen in den Fluten umkamen – in Sicherheit bringen. Ähnliches geschah auf den (zu Indien gehörenden) Nikobaren;
auch dort flohen Elefanten und andere Wildtiere. Angehörige des
auf den Nikobaren beheimateten Naturvolkes wussten die Zeichen
(vermutlich Flucht der Tiere) ebenfalls zu deuten, und retteten sich

auch auf höheres Gelände. Wissenschaftler haben bis heute noch keine schlüssige Antwort auf die Frage gefunden, auf welche Art und Weise die Wildtiere die ankommende Flutwelle rechtzeitig bemerkt hatten. Am nächsten Tag musste die Rückfahrt nach Colombo erfolgen. Wir brachen früh auf und wählten nun eine Route, die uns durch das Innere der Insel führte, zunächst auch eine kurze Strecke entlang des Uda Walawe National Parks, der durch einen elektrischen Zaun zur Straße gesichert war. Wenn aber die Früchte auf den gegenüberliegenden Feldern reif sind, so erzählte mir Siri, kann es schon vorkommen, dass Elefanten Bäume so umdrücken beziehungsweise Äste abbrechen, dass sie auf den elektrischen Zaun fallen und ihn ausschalten. Dann werden die Feldfrüchte verspeist, bis die Elefanten wieder zurückgetrieben werden und der Zaun repariert ist. Unseren Mittagshalt machten wir in Ratnapura, dem ältesten und bekanntesten Fundort für Edelsteine in Sri Lanka. Dort kaufte ich für meine daheim gebliebene Frau einen kleinen gelben Saphir, den es nur in Sri Lanka gibt.

Als es zum Mittagessen ging, empfahl mir Siri ein gutes Restaurant, er selbst wollte lieber wo anders hin gehen, „um mit den Händen zu essen", wie er lachend sagte. Ganz im Gegensatz zu den Preisen des Restaurants war die Qualität des Essens aber keineswegs hoch, jedoch trug ich es mit Fassung. Als ich wieder zum Auto kam, hatte Siri schon gegessen und saß mit einem Bekannten zusammen, mit dem er sich lebhaft und augenscheinlich blendend unterhielt. Er eilte freudestrahlend auf mich zu und sagte als geborener Spaßvogel, dabei auf seinen Bekannten deutend „Mit dem da war ich im Gefängnis..." – „ich weiß", unterbrach ich ihn, „und zwar für eine lange Zeit. Und jetzt heckt ihr schon wieder eure nächsten Missetaten aus." Das war genau der Humor, dem Siri so oft frönte. Er kugelte sich vor Lachen, fast musste ich ihn hinter sein Steuer schieben, damit es endlich wieder weiter ging.

Wir fuhren nun ziemlich in den Norden, durch eine etwas bergige Gegend, um Colombo zu vermeiden und gleich an den nördlich von Colombo liegenden Flughafen zu gelangen. In einer der kleineren Städte, durch die wir kamen, bemerkte ich weiße Fähnchen als Straßendekoration und viele weiß gekleidete Leute. Ich fragte, ob hier eine Hochzeit gefeiert würde. Siri korrigierte mich, das sei ein Begräbnis, Weiß sei die Farbe der Trauer. Natürlich, wie meist in Asien – das wusste ich ja, aber wer erinnert sich immer gleich an alles. Trotzdem unterhielten wir uns über Hochzeiten und auf meine Frage hin, ob denn die jungen Leute heute selbst entscheiden, wen sie heiraten wollen, antwortete mir Siri wie weiland Radio Eriwan: Im Prinzip ja, aber ... und nun folgten längere Erläuterungen, deren kurzer Sinn folgender ist: die Eltern beider Parteien beauftragen einen so genannten Match-Maker, der für den jungen Mann beziehungsweise die junge Frau ein Horoskop einholt. Die Horoskope werden miteinander verglichen, wobei die Match-Maker den Eltern entweder zu- oder abraten. Entsprechend empfehlen die Eltern ihren Kindern, zu heiraten oder es mit diesem Partner zu lassen; sie erwarten auch heute noch, dass Sohn beziehungsweise Tochter diesbezüglich auf sie hören. Jedoch ist Siri ein ernsthafter Buddhist – der mir übrigens mehrmals erklärt hat, dass der Buddhismus eigentlich keine Religion, sondern eine Philosophie sei – so dass ich mir denken kann, dass bei anderen modernen Eltern, vor allem Städtern, ohne dieses Prozedere geheiratet wird.

Am Spätnachmittag kamen wir dann zum Flugplatz, der schon in weitem Vorfeld vom Militär kontrolliert wird. Dies ist wohl notwendig, denn wenn es den Tamilen-Rebellen gelänge, den Touristenverkehr lahm zu legen, wäre das Land einer seiner Haupt-

Einnahmequellen beraubt. Wir fuhren durch das Gelände des Flughafens hindurch bis zu meinem nahen Hotel. Dort verabschiedete ich mich von Siri nicht nur mit herzlichen Worten, sondern auch mit einem entsprechenden Geldgeschenk. So spontan wie Siri sich freute, würde ich das auch gerne können, doch bin ich offensichtlich durch das Leben in unserer westlichen Industriegesellschaft zurückhaltender geprägt.

Früh am nächsten Morgen ging es zum Flughafen und via Chennai zurück nach Mumbai ins Hotel, von dort ganz früh am nächsten Tag nach Jaipur, der Hauptstadt von Rajasthan.

Tierleben in der Halbwüste

Sariska / Nord-West-Indien

Das Faszinierendste für mich in Jaipur, der in einer Halbwüste liegenden Hauptstadt Rajasthans, war die Kombination des unbeschreiblich chaotischen indischen Stadtverkehrs mit den beiden traditionellen Verkehrsmitteln Reit- und Lastelefant sowie Kamel mit
typischem zweirädrigem Karren.
Es stehen auch außerhalb Jaipurs eine ganze Herde prächtig herausgeputzter und an Kopf und Keulen phantasievoll angemalter Reitelefanten zur Verfügung, um die Touristen – darunter natürlich
auch Inder – zum Palast Amber hinauf und hinunter zu tragen. Da
ich bislang schon genügend auf Elefanten gesessen war, mir das zu
lange dauerte und ich einfach wieder körperliche Bewegung
brauchte, stieg ich mit meinem Führer anlässlich der Stadtbesichtigung zu Fuß im sportlichen Tempo hinauf. Dieser Palast – der sein
Wasser übrigens auch heute noch von dem noch höher liegenden
für zehntausend Soldaten konzipierten Fort Jaigarh aus großen Zis-
ternen bezieht – ist äußerst sehenswert, vor allem seiner intelligen-
ten Architektur wegen, die neben der Kühlung der Wohnräume zum
Beispiel auch dem Umstand Rechnung trug, die nebeneinander liegenden Wohnbereiche der verschiedenen Frauen des Rajputen so zu
gestalten, dass keine das Kommen und Gehen bei ihren Nachbarin-
nen registrieren konnte. Der Palast der Winde in der Innenstadt hingegen ist nichts als Fassade; diese Mauer ist 25 Zentimeter stark
und diente nur den Hofdamen dazu, das Leben auf der Straße unbemerkt zu verfolgen.
Das alles und noch mehr war sehr interessant, aber am nächsten

Morgen saß ich bereits wieder in einem dieser bereits oft benutzten alten Auto-Vehikel, das sich „exzellenter Ambassador ohne Klimaanlage" nannte, auf dem Weg nordöstlich in Richtung Alwar. In dessen Nähe befindet sich die Sariska Tiger Reserve. Diese Fahrt ging immer der Aravalli Bergkette entlang, die von Südwesten nach Nordosten verläuft und Rajasthan praktisch in eine westliche Wüste und östliche Halbwüste unterteilt.

In Sariska war ich in dem ehemaligen Jagdschloss des Maharadschas von Alwar, dem heutigen Hotel Sariska Palace, untergebracht. Tatsächlich jedoch war mein Zimmerchen äußerst bescheiden; die frühere Zelle für Bedienstete war durch eine Falttür vom Nebenraum abgetrennt und nach jedem Duschen gab es eine große Überschwemmung im so genannten Bad. Dafür jedoch hatte ich einen eigenen Jeep mit Fahrer zur Verfügung, der zugleich auch Guide war, und nur auf das kam es mir an.

Um halb drei Uhr nachmittags ging es zum ersten Mal in den Park. Pooran, mein Fahrer, kannte sich gut aus. Er erzählte mir, dass ein

Tiger letzte Nacht eine Kuh geschlagen hätte. Einige Hausrinder aus nahe gelegenen Dörfern streunten im Park und waren deswegen eine leichte Beute für Tiger. Wir fuhren zu dieser Stelle, über der wir schon von weitem Geier kreisen sahen.

Schließlich waren wir am Beutetier, von dem am Hinterteil nur ein kleiner Teil verzehrt war. Vom Tiger sah man zunächst nichts, doch musste er ganz in der Nähe sein, sonst wären die Geier schon längst auf dem Kadaver gelandet. Wir drangen mit dem Jeep auf der dort

befindlichen Schneise ein paar Meter weiter in den Busch ein und
sahen nun auch den männlichen Tiger, der dort lang ausgestreckt
schlief, aber sehr verdeckt war. Ich machte einige Fotos, doch die
zeigten so gut wie nichts von ihm. Wir entfernten uns wieder vorsichtig; ich nahm mir vor, morgen oder übermorgen wieder nachzu-
sehen. Wir setzten nun unsere Pirschfahrt in Richtung einer Wasserstelle
fort. Schon auf dem Wege dorthin sahen wir einige Nilgai-
Antilopen und sehr viele Axis-Hirsche. Auch an der Wasserstelle
waren beide Arten zu sehen sowie einige Sambar-Hirsche. Ich saß
im abgestellten Jeep und beobachtete einen Sambar, der zu schre-
cken angefangen hatte, als Pooran mich in Richtung eines Axis-

Rudels einwies. Dort versuchten zwei Goldschakale ein Axis-Kitz
vom Rudel abzutrennen. Dies gelang ihnen auch, und im nächsten
Moment hatten sie das Kitz, das nicht viel größer war als sie selbst,
auch schon gerissen. Plötzlich waren es vier Schakale, von denen
drei in die nächsten Büsche zogen. Der zurückbleibende Schakal
packte nun das Kitz und zog es ebenfalls in Richtung dieser Bü-

sche, aus dem Blickfeld der Axis und der Jeeps hinaus.
Bevor ich abends in das Hotel zurückkehrte, schaute ich noch bei
der Parkverwaltung vorbei, um eine Genehmigung zur Benutzung
des Ansitzes bei Kalighati einzuholen. Ich wollte vom übrigen Touristenverkehr ungestört Tieraufnahmen machen. Der Direktor war
nicht da, sein zweiter Stellvertreter, auch ein Tierfotograf, wollte
für mich nachfragen.

Mit Pooran vereinbarte ich am nächsten Morgen, zum Hanuman-
Tempel zu fahren. An der schon bekannten Wasserstelle und einem
weiter entfernten Ckeckpoint (zugleich eine Wohnstätte für Parkbe-
dienstete) vorbei, gelangt man in eine felsige Gegend, die im relativ
schmalen Tal beidseits des jetzt trockenen Bachlaufs mit wilden
Dattelpalmen bewachsen war. Der Weg stieg nun an und machte
die erste große Kehre.
Dort, über dem Plateau jenseits der Felsen schwebten etwa ein Dutzend Indischer Geier, da musste wohl ein großer Kadaver liegen.
Diese Gegend war aber für uns unzugänglich. Im staubigen Stra-

ßenrand sahen wir die aus
der Nacht stammenden
Trittsiegel einer Tigerin.
Auf der Höhe oben, fast
am Ende des Weges, liegt
dann der Tempel, der
dem Affengott Hanuman
geweiht ist. In der Nähe
des Tempels sah man vie-
le Hanuman-Languren,
da sie im Tempel gefüttert werden. Auf dem Rückweg trafen wir
auf eine Horde dieser Hulmans, wie sie im Deutschen auch heißen,
und ich machte ein Foto einer Äffin mit ihrem Nachwuchs.

Eine ganz andere Richtung schlugen wir während unserer Pirschfahrt am Nachmittag ein. Von dem bereits genannten Checkpoint
ging die Durchgangsstraße ab in Richtung des alten Forts Kankwari. In deren oberem Teil, ebenfalls in einer felsigen Gegend,
wurden ab und zu Panther beobachtet. Wir sahen jedoch keinen,
auch sonst nichts Außergewöhnliches und machten uns deshalb
wieder auf die Rückfahrt. Als wir nicht mehr so weit vom Parkaus-
gang entfernt waren, sah ich einen im Wildkörper nicht besonders
großen Keiler, der auf der mir zugewandten linken Seite einen riesigen Hauer hatte. Die Länge dieses unteren Eckzahns musste etwa
25 Zentimeter betragen, eigentlich unwahrscheinlich bei diesem nur
mittelmäßigen Körpermaß. Ich nahm mir vor, weiterhin auf diesen
Keiler zu achten, vielleicht bekam ich noch seine rechte Seite zu
sehen.
Beim Abendessen im Hotel traf ich einen gut aussehenden älteren
indischen Herrn, der eine Gruppe finnischer Vogelkundler durch
den Sariska führte. Wir kamen ins Gespräch und er stellte sich als
Sekretär der Tourism & Wildlife Society of India (TWSI) mit Sitz
in Jaipur vor. Harsh Vardhan, so sein Name, erzählte mir in diesem
Zusammenhang auch einiges über Geier, über die er vor kurzem eine Publikation des TWSI verfasst hatte. Er beschäftigt sich hauptsächlich mit Schutz und Erhaltung der indischen Vogelvorkommen,
ist aber auch in anderen Naturschutz-Belangen vor allem in Rajasthan tätig. Im Übrigen war es auch der TWSI, der die arabischen
Scheichs davon abhielt, ihre jährlichen Falkenbeizen auf die Hin-
dutrappe fortzusetzen, wodurch der Bestand des Vogels gefährdet
war. Aus diesem Zusammentreffen entspann sich übrigens ein für
mich hilfreicher Schriftverkehr, indem Harsh Vardhan mir von seinem Büro aus Material zusandte und die indischen Namen in meiner Artenliste kontrollierte, ergänzte und mir ein Bild der Hirschziegenantilope zur Verfügung stellte.

Als Erstes für den nächsten Vormittag hatte ich mir vorgenommen, wieder nach dem Tiger zu sehen, der die Kuh geschlagen hatte. Wir bogen auf einen staubigen Fahrweg ein, der in Richtung des Tiger-Risses führte. Wie immer, achteten wir auch auf Spuren, eine Übung, die ich dank meiner jagdlichen Vorgeschichte nie vergesse,

auch Pooran schien dies im Blut zu haben. Jedenfalls entdeckten wir auf diesem staubigen Wege die Trittsiegel des großen männlichen Tigers, der die Kuh getötet hatte.

Wie ich am Anfang des Dudwa-Kapitels erwähnte, kann man die Spur einer Tigerin von der eines Tigers daran unterscheiden, dass ihr Trittsiegel (vor allem des Hinterfußes) länglicher als das eines männlichen Tigers aussieht. Fasst man das Trittsiegel gedanklich durch einen Bilderrahmen genau ein, dann stellt dieser bei einer Tigerin ein deutliches stehendes Rechteck, bei einem Tiger ungefähr ein Quadrat (wie hier im Foto) oder gar fast ein liegendes Rechteck dar. Die vier Zehen, die im Bild oben ziemlich breit und rund sind, wären bei einer Tigerin schmäler und oben länglicher. Weiterhin sieht man, dass der Abdruck der Hinterpfote zum Teil über dem Abdruck der Vorderpfote liegt, das heißt der Tiger ist gemütlich dahin geschlendert. Wäre er schneller gegangen, dann würde man auch das vordere Trittsiegel klar und scharf sehen. Die Spur steht im feinen Sand des Fahrweges, sie bleibt hier nur kurze Zeit scharf

und deutlich. Da wir gegen 7.20 Uhr morgens an dieser Stelle anlangten, ging der Tiger erst kurz vorher zur Tagesdämmerung vorbei, denn sonst hätten Tau und Wind den feinen Sandrändern bereits zugesetzt. Außerdem sieht man noch zweierlei: einmal ist der
vordere, halb verdeckte Pfoten-Abdruck breiter und überhaupt größer als der hintere, zum anderen handelt es sich bei beiden Abdrü-
cken um den jeweils rechten Fuß, denn die vorderste der beiden
Mittel-Zehen ist die linke. Die Spur der linken Füße verlief schon
etwas im Gras am Wegrand; die vordere der beiden Mittelzehen
war hier die rechte. Das alles kann man aus dieser Spur herauslesen.

Die Spur verlief in Richtung des Risses. Allerdings konnten wir ihr
mit dem Jeep nur folgen, solange sie auf dem Weg entlanglief. Der
Tiger hatte den Weg verlassen; um eine Biegung desselben abzu-
kürzen war er diagonal durch die Büsche gezogen. In der Nähe des
Kuhkadavers, den er inzwischen in die Büsche gezogen hatte, trafen
wir wieder auf seine Spur. Aber wie sah nun der Kadaver aus, auf
dem nur noch eine einzelne Wanderelster herumturnte? Außer dem
Gerippe war praktisch nichts mehr vorhanden. Also waren die Geier trotz der Büsche herangekommen und hatten, unterstützt von
Schakalen, Wanderelstern und möglicherweise auch Wildschweinen, während dieser zwei Tage das ganze Fleisch vertilgt. Keine
angenehme Überraschung für den Tiger, der sich hier wahrscheinlich noch einmal den Bauch hatte vollschlagen wollen.

Wir stießen mit dem Jeep noch circa 30 Meter weiter vor, bis zu der
Stelle, wo wir schon einmal waren, und hielten nach dem Tiger
Ausschau. Es war einige Minuten vor acht Uhr, als wir ihn nicht
weit von seinem alten Platz in den Büschen entdeckten. Diesmal je-
doch lag er mit dem Kopf zu uns und schlief anscheinend nicht.
Auch war er etwas besser zu sehen. Ich machte zwei Aufnahmen,

währenddessen der Tiger die Augen geschlossen hielt. Die beiden Inder auf den Vordersitzen – Pooran hatte heute einen Begleiter mitgenommen – hatten sich auf die Sitze gestellt und schauten über die Büsche. Bei der dritten Aufnahme merkte ich, dass der Tiger die

Augen geöffnet hatte und uns beobachtete. In diesem Moment klickte die Kamera und die beiden Inder reckten sich noch etwas höher, um mehr zu sehen. Dies passte dem Tiger offensichtlich nicht. Er sprang blitzschnell auf die Beine und brüllte uns an. Das

war so laut und kräftig, dass der offene Jeep fast wackelte, die Entfernung betrug höchstens acht Meter. Es war unglaublich, wie schnell die beiden Inder tief in ihren Sitzen verschwanden. Meine Reaktion war langsamer, doch auf das energische Zeichen von Pooran duckte auch ich mich hinunter. Pooran hatte schon den Rückwärtsgang eingelegt und glitt bereits so schnell wie möglich zurück. Das schien der Tiger erwartet zu haben und gab sich damit zufrieden. Wir setzten unseren Rückzug fort und verließen dann die Stelle, dem Tiger seine Ruhe und Privatsphäre lassend. Den Insassen eines zweiten Wagens, der in diesem Moment ankam, bedeuteten wir, den Tiger jetzt nicht mehr zu stören.

Weshalb er wohl so sauer reagiert hatte, nachdem er vor zwei Tagen eine größere Störung durch mehrere Jeeps so gelassen hinnahm? Vielleicht war er hungrig und verärgert, dass von seinem Fleisch nichts mehr da war, dachte möglicherweise, wir gehörten zu den Dieben? Wie dem auch sei, auf alle Fälle verhielt er sich wie ein Gentleman, der sich auch durch seinen Ärger nicht zu einer Überreaktion verleiten ließ. Dies erinnerte mich an eine Stelle in der Literatur, wo beschrieben wird, wie Tigerinnen mit Jungen reagierten, als sich ihnen Wildschutz-Personal unbeabsichtigt und versehentlich näherte (Zitat F2):

„Wäre einer dieser Scheinangriffe [die vorher beschrieben wurden] gegenüber einem Nicht-Naturkenner gemacht worden, so wäre er sicherlich als Angriff eines Menschenfressers interpretiert worden und es wäre ein großes Zetergeschrei erhoben worden. So wie es ablief, war der Grund für die aggressive Reaktion der Tigerinnen jedem mit entsprechender Ausbildung sofort ersichtlich: die bloße Tatsache, dass jedes der Tiere brüllte, war schon in sich selbst Beweis, dass die Eindringlinge [vom Versteck der Jungen] verjagt und nicht getötet werden sollten."

Wir fuhren nun weiter in Richtung zum Checkpoint. Auf dem Wege sahen wir einige Nilgais und hielten, um zu beobachten. Eine Kuh führte ein Kalb, das eben gesäugt wurde. Als das Kleine satt war und die Tiere weiter zogen, setzten auch wir unseren Weg fort. Wir fuhren hinauf zum alten Fort Kankwari, wobei wir auf der langen, schlechten und staubigen Wegstrecke die Spuren eines Tigers, eines Panthers und einer Streifenhyäne entdeckten. Unterhalb des Forts fotografierte ich einige Geier und dokumentierte die Gesamtansicht

des ganzen Bauwerks einschließlich der Marmorklippen am unteren Turm. Der Weg führte uns durch das kleine Dorf, die Ansammlung einiger Hütten, und dann hinauf zur Festungsruine.

Oben, kurz vor der Einfahrt durch die Burgmauer, sahen wir wieder Tiger-Trittsiegel. Wir fuhren durch den äußeren Burghof weiter hinauf in den inneren, stellten dort den Jeep ab und gingen ein biss-chen herum. Pooran zeigte mir eine der verschiedenen Öffnungen zu den Kasematten, die zusammen das verbundene Wehrsystem darstellen. Zum Glück war er bei seinem letzten Besuch nicht hin-eingegangen, sondern hatte nur hinein gesehen und einen Tiger er-

blickt. In diesen verschiedenen Gängen und Nischen der Festungsruine, in der damals ein Bruder des Mogulherrschers Aurangzeb ge-
fangen gesetzt war, stecken öfter Tiger, ein idealer Tageseinstand,
ruhig, ungestört und kühl.

Am Nachmittag ging es wieder zum Wasserloch, um zu beobachten. Ein blauer Nilgai-Bulle kam, trank und zog wieder in den
Busch. Plötzlich entdeckte ich auch den Keiler mit dem riesigen
Hauer auf der linken Seite wieder. Diesmal sah ich ihn aber aus naher Entfernung, bei bestem Licht und vor allem auch seine rechte
Seite. Dieser mittelalte Keiler hatte rechts völlig normale Eckzähne,
lediglich links fehlte dem unteren Eckzahn der Gegenschliff durch
den abgebrochenen (oder verkümmerten?) oberen Eckzahn, weshalb er sich zu dieser Riesengröße ausgewachsen hatte und ihm ins
Gebrech (Maul) einzuwachsen drohte.

Auf dem Wege zum Hanuman-Tempel hörten wir plötzlich mehrmals hintereinander laut und nah den Warnruf eines Axishirsches.
Wir blieben lange und suchten das Gelände dieser Gegend mehrmals ab, konnten aber weder Tiger noch Panther sehen. Dafür aber
entdeckten wir einen Sindhasen, die Wüstenform des Indischen Ha-
sen, mit bleichem statt schwarzem Nackenfleck.

Abends wurde ich von einem jüngeren Ehepaar aus Kärnten angesprochen. Sie erkundigten sich nach den Umständen meiner Begegnung mit dem Tiger. Ich erzählte es ihnen, wobei der Mann bemerkte, wahrscheinlich würden sie wohl keinen Tiger mehr sehen,
da sie nur noch den nächsten Vormittag zur Verfügung hätten.
Aber, so fügte er hinzu, dabei vielsagend seine Frau anblickend, er
wisse ja wie eine Tigerin aussähe. Diese funkelte ihn mit ihren grünen Augen daraufhin so wütend an, dass ich dachte, jetzt versetzt
sie ihm gleich einen Prankenschlag mit ausgefahrenen Krallen – ich
brachte eine Entschuldigung vor und verließ das Pärchen.

Da nur etwa die Hälfte des 800 Quadratkilometer großen Sariska-Parks für die Touristen freigegeben sind und ausschließlich die hierfür bestimmten Wege benutzt werden dürfen, muss man natürlich bei mehrtägiger Anwesenheit viele Routen wiederholen. So fuhr ich am nächsten Tage mit Pooran wieder Richtung Hanuman-Tempel. Wir sahen zunächst einen Einfarb-Haubenadler und einen Indischen Schlangenhabicht. Dann aber wurden wir im Hinblick auf Tigerspuren fündig. Im Bereich der Wasserstelle trafen wir auf die Spur des großen männlichen Tigers, den wir schon kannten. Ungefähr sechs Kilometer weiter fanden wir die Trittsiegel eines kleineren männlichen Tigers, hier offenbar in einem anderen Territorium als in dem vorherigen. Und dicht bei dem Hanuman-Tempel stießen wir wieder auf die Spur der Tigerin, die wir schon einmal gesehen hatten. Welcher männliche Tiger in ihrem Territorium ging, war selbst Pooran unbekannt. Er erzählte mir, dass derzeit (im Jahre 2000) 25 Tiger im Park bekannt seien, 23 erwachsene Tiere und zwei Junge. Diese beiden Jungen würden von einer Tigerin geführt, die sich auch im Bereich des Kalighati-Ansitzes aufhielte. Ich vermute, dass dies der Grund war, warum der Direktor meinen Wunsch ablehnte, diesen einzigen noch im Park intakten Ansitz zu benutzen. Offiziell wurde mir mitgeteilt, dass man bereits seit über sechs Jahren keine Genehmigungen mehr erteilt habe, um Störungen in diesem Parkteil zu vermeiden.

Ich jedoch glaube nicht, dass es bei meinem Besuch im Jahr 2000 zwei Dutzend Tiger gab; ich bin fast eine Woche lang kreuz und quer herumgefahren und sah viele Spuren und Trittsiegel, doch diese stammten vermutlich nur von drei Tieren, die immer wieder die Fahrwege überquerten beziehungsweise für längere Strecken nutzten, da dies auch für Wild leichtes Vorankommen bedeutet. Wenn man die Tigerin mit den zwei Jungen, sowie aus den Außenbezirken (anderen Territorien) noch einige Tiger hinzurechnet, wird der

Bestand in Sariska wohl geringer gewesen sein.

Bei der Zählung 2005 wurde kein einziger Tiger mehr festgestellt, der ganze Bestand wurde gewildert beziehungsweise vergiftet. 2008 hat man von Ranthambore ein Tigerpärchen in Sariska eingesetzt; der Tiger wurde 2010 wiederum von den Dörflern vergiftet. Neue Tiger aus Ranthambore wurden geholt, im Juli 2011 betrug der Bestand zwei Tiger und drei Tigerinnen. Einer der Dörfer, deren Bewohner Tiger und Panther töteten, wurde ausgesiedelt. Weitere Einsetzungen und bessere Überwachung ließen 2014 den Bestand wieder auf dreizehn Tiere (davon vier Junge) steigen.

Auf dem Weg zurück zum Parktor zu unserer Mittagspause überquerte ein Goldschakal den Fahrweg vor uns, wobei er etwas Größeres im Fang hatte. Als wir auf gleicher Höhe waren, hielten wir für einen Moment. Der Schakal hatte sein Mitbringsel, die noch zusammenhängenden Läufe eines Axis-Hirsches, auf die Erde gelegt und

schaute zu uns her. Danach nahm er seine Beute wieder auf und verschwand mit ihr in den Büschen. Der Nachmittag brachte uns außer der Begegnung mit einem weiteren Sindhasen nur den Anblick eines Goldspechtes sowie segelnder Indischer Geier und Schmutzgeier auf der Suche nach Aas.

Der nunmehr wiederholte Anblick eines Sindhasen am nächsten

Morgen machte mir wieder deutlich klar, dass wir uns in der klima-
tischen Zone einer Halbwüste befanden.

Überraschend war die Sichtung eines Wanderfalken, der auf dem
Ast eines abgestorbenen Baumes landete, uns aber, noch während
wir fuhren, misstrauisch beobachtete. Als wir hielten, schwang er
sich sofort in die Lüfte und war mit einigen unvergleichlich elegan-
ten und fördernden Schwingenschlägen unseren Blicken entschwunden.

Dafür liefen aber die angetroffenen Hirsche und Antilopen, nämlich
Axis, Sambar und Nilgai, nicht weg, sondern ließen sich in kleinen
Gruppen, die Axishirsche in größeren Rudeln, bewundern.

Hierbei gelang mir das Foto eines blauen Nilgai-Bullen zusammen
mit einer braungrauen Nilgai-Kuh und ihrem schon älteren, aber
noch rötlichen Kalb. Dies ist ein gutes Beispiel für Geschlechts-
Dimorphismus, denn Kuh und Bulle dieser Art sehen so unter-

schiedlich aus, dass man meinen könnte, es handle sich um zwei verschiedene Arten. Ein anderes gutes Beispiel hierfür stellt übrigens eine Drehhorn-Antilope in Afrika dar, die Nyala, bei der die beiden Geschlechter noch unterschiedlicher sind.

Über das Aussehen der Nilgais sei hier noch die Beschreibung eines indischen Autors wiedergegeben (Zitat K4):

„Nilgai bedeutet ‚blaue Kuh‘ aber nilgaur bedeutet ‚blauer Bulle‘; es ist eine Antilope, die größte in Indien, ungefähr in der Größe eines mittleren Pferdes. Trotzdem wird sie von Hindus als eine Art Kuh geachtet und deswegen augenscheinlich vor der Ausrottung bewahrt. Ihr wissenschaftlicher Name ist ‚boselaphus tragocamelus‘, sie gehört zur Familie der Boviden und wird von einigen Experten zwischen die Rinder und die Antilopen eingeordnet, aber näher zu den Letzteren. Das Weibchen ist satt rehfarbig und hat kein Gehörn, ebenso wenig wie die weibliche Hirschziegenantilope. Die ausgewachsene männliche Nilgai nimmt eine blaue rötlichgraue Felltönung an, die jüngeren Bullen sind weniger dunkel, mehr bräunlich. Der Bulle hat kurze, schwarze Hörner von ungefähr 20 bis 26 Zentimeter Länge, die bei alten Bullen spitzer sind.“

An Vögeln zeigten sich weiterhin ein Schlangenhabicht, viele segelnde Geier über einem nicht zugänglichen Waldgebiet und eine Indische Wanderelster auf dem Kopf eines Nilgai-Bullen. Sie kletterte ihm sogar bis auf die Nase herunter; als es ihm zu viel wurde schleuderte er sie weg.

Die Nachmittagstour, meine letzte Pirschfahrt im Sariska, wollte ich mit einem „Naturalisten“ (so heißen hier die als Guides zoologisch und botanisch ausgebildeten Leute) machen. Der junge Mann, der mich schon mehrmals angesprochen hatte, stieg also zu uns in den Wagen. Zunächst wählten wir einen bislang noch nicht befahrenen langen Staub- und Steinweg durch den Busch, um möglichst

nahe an den Ort zu kommen, über dem die Geier am Vormittag se-
gelten. Wir vermuteten dort einen Riss mit Tiger oder Panther. Es
war aber unmöglich, dorthin zu gelangen, die Stelle war immer
noch über einen halben Kilometer entfernt im Busch. Dafür sahen
wir einen mächtigen Bienenschwarm an einem Ast hängend, und
auf dem staubigen Wege die Spur einer dort entlang gezogenen
Streifenhyäne. Wir fuhren über den Checkpoint hinauf in Richtung
Fort bis in die „Panthergegend", die auch diesmal ihrem Ruf keine
Ehre machte. Als wir schon wieder unten beim Checkpoint waren,
hörten wir aber Warnrufe eines Sambars aus der Richtung des großen Wasserlochs. Wir fuhren in dieser Richtung, andere Wagen fä-
delten sich auch ein. Nun hörte man auch Warnlaute von den
Languren. Der Naturalist vermutete, dass es sich um einen Panther
handelte. Die ganze Szene bewegte sich entlang eines Bergrückens
in Richtung Parktor. Dort übernahmen nun plötzlich die Axishirsche die Warnmeldungen, ein Zeichen, dass das Raubwild dort entlang gezogen war. Wir fuhren als besonders tüchtige Mannschaft
schnell etwas voraus. Der Naturalist war sich nun sicher, dass es
zwei Panther waren, die gerade in ihrer Ranz zusammen gingen,
dies sei auch ihr Territorium. Sie hätten die Autos schon längst ge-
merkt und würden den Berg wohl nicht herunterkommen. Wir bekamen sie jedenfalls nicht zu Gesicht und mussten nun den Park
verlassen, da es inzwischen bereits zu dämmern anfing.

Im Hotel war schon letzte Nacht eine Veränderung vor sich gegangen. Ausländische Touristen kamen keine mehr, außer mir waren
nur noch ein Pärchen und eine etwa sechsköpfige Gruppe von Engländern vorhanden. Alles wurde, wie es mir schien, für eine Fürs-
tenhochzeit vorbereitet. Es waren sehr viele auserlesene und offensichtlich reiche indische Gäste eingetroffen, sofern man dies aus ihren Karossen und dem Gefolge ihrer Diener schließen konnte. Sie

zogen in sämtliche besseren Räume und alle Suiten des Hotels ein. In dem an den Hauptflügel des Palastes grenzenden riesengroßen Gartenplatz wurden vielerlei Zelte aufgestellt, mit langen Tafeln, überladen mit Silber und Blumen auf der einen, mit zwei Musikpavillons auf der anderen Seite. Dort spielten zwei indische Musikergruppen, die sich jeweils ablösten. Dazwischen wurde auch eine mit Holzboden sorgfältig ausgestattete Tanzdiele eingerichtet. Heute Abend nun schien das Hochzeitsfest zu steigen, alles versammelte sich und eine große Prozession setzte sich vom Hauptkomplex aus in Richtung einer anderen Stelle des riesigen Hotelparks in Bewegung. Ich vermutete, dass dort entweder ein Tempel oder ein kleinerer Prachtbau auf die Feiernden wartete, um die Zeremonie durchzuführen. Die Prozession von etwa hundertfünfzig prächtig gekleideten Indern, zu beiden Seiten von etwa einem Dutzend kräftiger Diener flankiert, die je eine Säule mit mehrflammigen Kugelleuchten trugen, setzte sich in Gang. Die Lichter im gesamten Hotelkomplex wurden abgeschaltet. Die unbeschreiblich reich herausgeputzte schöne Braut wurde in die Mitte genommen, ziemlich am Ende ritt ein ebenso reich herausgeputzter junger Mann, offensichtlich der Bräutigam, auf einem stattlichen und ebenso reich geschmückten Schimmel, der diesen Trubel aber gewohnt zu sein schien. Vorneweg und hintendrein marschierten die beiden Musikergruppen, die das Ganze mit ihrer Musik begleiteten. Das Ereignis erweckte den Eindruck einer Episode aus Tausendundeiner Nacht.

Das Dinner am Vorabend fand für die wenigen verbliebenen normalen Hotelgäste bereits an einem Ausweichort statt, heute wurde es in den Lesesaal verlegt, in dem unter anderem auch ein präparierter Tiger und ein ebensolcher Panther in ihren Vitrinen standen. Ich saß neben zwei älteren Engländern, diese wiederum neben dem

Tisch von vier nicht so alten Engländerinnen. Mit den beiden älteren englischen Herren hatte ich ein Erlebnis der amüsanten Art. Sie waren mir sofort aufgefallen, einmal, weil sie offensichtlich Zwillinge waren, zum anderen, weil sie aussahen wie von Wilhelm Busch oder Honoré Daumier gezeichnet: ein etwas kränklichmissmutiger Gesichtsausdruck, heruntergezogene Mundwinkel; der eine schien von einer Erkältung geplagt zu sein, denn an seiner Nasenspitze hing ein Tropfen. Dies sah ich beim ersten, noch unschuldigen zufälligen Hinsehen. Dann lenkte ich meinen Blick aber verstohlen immer wieder zu dieser Nase um zu sehen, was denn nun mit dem Tropfen passiere. Fällt er in den Teller mit Hühnerknochen, mit denen sich sein Erzeuger gerade beschäftigte, oder würde er noch rechtzeitig abgefangen? Beim nächsten Hinsehen hatte ich den Zeitpunkt richtig erwischt: da machte nämlich mein Nachbar eine energische Bewegung und fegte den inzwischen schon bedenklich groß gewordenen Tropfen mit seinem Handrücken einfach hinweg. Ein alter Pragmatiker also. Sein Bruder hatte das Handicap einer Erkältung nicht, er konnte frei agieren und sprach mich an, weil ich ein englischsprachiges Buch neben mir liegen hatte. Er meinte, ich sei doch wohl Engländer wenn ich Englisch läse. Ich antwortete ihm, dass ich zwar Englisch läse, aber Deutscher sei. Vielleicht bildete ich es mir nur ein, aber mir war, als sei er jetzt ein bisschen enttäuscht. Er blickte auf das Titelbild des neben meinem Teller liegenden Büchleins, auf dem ein Gepard – in diesem Falle könnte man auch volkstümlich sagen: ein indischer Jagdleopard – mit seinen beiden indischen Führern mit Turban auf dem Ochsenkarren abgebildet war. Der alte Herr hatte das sofort richtig gesehen und sagte mir, dass das ein Cheetah sei, was ich wahrheitsgemäß bejahte. Daraufhin fuhr er fort: „Genauso wie dieser da" und deutete auf die erwähnte Vitrine mit dem übrigens schlecht präparierten und verstaubten Panther. Nun ja, meinte ich, das sei eigentlich ein richtiger Leopard. Ach so, sagte mein Gesprächspartner, und seine Miene wurde noch um einen Grad missmutiger – oder täuschte ich mich wieder? Wie ungeschickt, ging es mir durch den Kopf, das hättest du diesem unschuldigen alten Herrn nicht antun müssen. Ich hätte ja die Wahrheit ein wenig beugen oder sagen können, dass der Präparator durch die Streckung der in natura kürzeren Beine dem Betrachter dieses Tieres die Option für zwei Tierarten offen lassen wollte. Nun war es zu spät, ich widmete mich wieder meinem inzwischen kalt gewordenen Essen und die Zwillinge widmeten sich ihren Landsmänninnen, die ihnen nicht widersprachen.

Als die englischen Ladys dann bei mir vorbeigingen um auf die Terrasse zu treten, sprach ich sie an. Sie erzählten mir, dass sie heute Nachmittag die beiden Panther in einer Entfernung von nur etwa 15 Metern zu Gesicht bekommen hatten. Ihr Jeepfahrer war nicht so schnell gewesen wie meiner, sondern hing hinterher, und nur den zurückgebliebenen Wagen hatte sich das Panther-Pärchen gezeigt. Es war also genau so wie es schon in der Bibel steht: die Letzten werden die Ersten sein.

Nach dem Frühstück am nächsten Morgen ging es nach Delhi. Die Fahrt war, solange wir noch in Rajasthan waren, recht kurzweilig: wir sahen noch viele Kamelhengste vor ihren zweirädrigen Karren, einen jungen überfahrenen Sambar und schließlich noch eine Schar von etwa 30 Geiern am Straßenrand, die sich um eine tote Kuh balgten, denen die darauf spezialisierten Abdecker schon die Haut abgezogen hatten.

In Delhi ließ ich meine Filme entwickeln, ging auf die Nepalesische Botschaft und kaufte ein. Am Abend des nächsten Tages flog ich nach Kathmandu und bezog zu mitternächtlicher Stunde mein Hotel.

Nashörner unter Militärschutz

Chitwan / Nepal

In Nepal, dem einzigen hinduistischen Königreich, erfolgte die Parkgründung des „Royal" Chitwan, dem privaten Jagdbezirk des reichen Königs eines armen Landes, erst 1973, nachdem es schon seit elf Jahren Wildlife Sanctuary war. Vorher fanden alle paar Jahre große feudale Jagden statt, so zum Beispiel im Winter 1938/39 anlässlich des Besuchs des englischen Vizekönigs von Indien; hierbei wurden 120 Tiger, 38 Nashörner, 27 Panther und 15 Bären erlegt. In dieser Zeit wurden auch die größten Tiger geschossen, wie K. K. Gurung beschreibt (Zitat F1):

„Der größte Tiger, der jemals aus Nepal gemeldet wurde, wog 705 lbs [319,8 kg] und wurde im Chitwan während der späten 1930er Jahre erlegt. Ein anderer wies eine Länge von 11 ft. [3,35 m] auf."

Diese für einen indischen Tiger, also den Bengalischen Königstiger riesigen Körpermaße liegen übrigens in der Größenordnung der sibirischen Tiger, der größten Unterart.

Nach erfolgreicher Bekämpfung der Malaria wurde die Terai-Ebene für die „hill people" geöffnet, die in ihren ausgeplünderten und durch Kahlschlag erodierten Bergen keinen Lebensunterhalt mehr fanden. Dadurch wurde aber das Wildvorkommen und das noch intakte ökologische Umfeld des Chitwan gefährdet, Wilderei erfolgte in großem Stil, eine viel größere Bedrohung, als es die Bejagung vorher gewesen war. Nachdem zum Beispiel vorher der höchste Bestand an Panzernashörnern etwa 800 betrug, war nach dieser Wildererphase nur noch ein Bestand von etwa 100 Tieren übrig. Deshalb wurde Militär in den Park verlegt, um die Wilderei zuverlässig zu unterbinden. Heute gibt es immerhin wieder etwa 400 Panzernashörner im Chitwan. Für zwei andere Tierarten, die früher auch reichlich vertreten waren, kam jedoch jede Hilfe zu spät. K.K. Gurung führt hierzu aus (Zitat F3):

„Zwei andere große Grasfresser – der Wilde Wasserbüffel und der Sumpfhirsch – lebten ebenfalls nach diesem Schema [durch Spezialisierung optimale Nutzung der Nahrungsquellen]. Beide Tiere des Sumpflandes und der mit kurzen und hohen Grasflächen durchsetzten Feuchtgebiete wurden durch die große Zahl der menschlichen Siedler vertrieben, die in den Chitwan in den 1950er Jahren eindrangen und ihren Lebensraum entlang des Rapti-Flusses besetzten. Diese Veränderung, Verlust des Lebensraumes, Äsungs-Konkurrenz seitens des Viehs und Übertragung von Krankheiten sind ausreichende Gründe für ihre Ausrottung [im Chitwan]".

Trotzdem besitzt der 932 Quadratkilometer große Chitwan auch heute noch wie kaum ein anderer Park in Asien ein artenreiches Säugetier-Vorkommen und eine Vielfalt von über 450 Vogelarten, ebenso wie eine reichhaltige Flora.

Deshalb wurde er 1984 von den Vereinten Nationen zur World Heritage Natural Site erklärt.

An meinem ersten Tag in Nepal blieb ich in Kathmandu. Wie üblich machte ich mit einem Führer eine Stadtbesichtigung, während der wir auch Swayambhunath, das größte buddhistische Heiligtum Kathmandus besichtigten. Wir stiegen die steilen 365 Treppen von der Ostseite hinauf, immer beobachtet von unzähligen Rhesusaffen, die den Besuchern gern Essbares direkt aus den Händen nehmen oder stehlen. Oben auf dem legendenumwobenen Hügel befindet sich die heilige Stupa (Kuppel), durch die noch das mythische Licht der Lotusblüte erstrahlen soll.

Die schneebedeckte Bergkette des Himalaja sah man aber von diesem erhöhten Standpunkt infolge des Smogs über Kathmandu genau so wenig wie bei meinem nächtlichen Anflug.

Am Nachmittag kaufte ich mir für meine Spiegelreflex-Kamera ein Tele-Zoom-Objektiv mit 170 bis 500 Millimeter Brennweite, rund 30 Prozent unter dem niedrigsten Preis in Deutschland. Nachdem ich bei meiner vorjährigen Reise mit dem Konverter Pech hatte, war diese Anschaffung geplant.

Früh am Morgen des nächsten Tages war ich mit Jeep und Fahrer auf der stark befahrenen und sich durch die Siwalik-Berge windende Straße von Kathmandu nach Pokhara. Zweimal hatten wir einen Platten, doch Gott sei Dank ohne ins Schleudern zu kommen. Zu der Fahrzeit von normal fünf Stunden hielt mich dies noch weitere anderthalb Stunden auf. Der letzte Teil der Strecke in den Chitwan, nachdem man die Hauptverkehrsstraße nach Pokhara verlässt, ist außerordentlich schlecht, das heißt man sollte lieber fliegen, um der Kamera-Ausrüstung Schlag, Stoß und Staub zu ersparen. Trotzdem kam ich noch rechtzeitig in der Tiger Tops Lodge an, um am Nachmittag an meinem ersten Elefanten-Ausritt teilzunehmen.

Im Gegensatz zu Indien heißt der Mahaut hier Phanit; neben dem Phanit steigt hinten auf dem Elefanten immer auch ein Guide auf, der ebenfalls als Naturalist bezeichnet wird und eine entsprechende Ausbildung erfahren hat. Wegen meiner Fotovorhaben mit zwei Kameras bekam ich einen Elefanten für mich allein, das heißt wir waren zu dritt auf dem Elefanten. Zunächst wurde der Fluss Rapti überquert. Jetzt am 6. März ging das Wasser selbst an der tiefsten Stelle dem Elefanten nur bis zur halben Körperhöhe. Auf der anderen Seite des Ufers sah man einen weiblichen Schweinshirsch Wasser trinken. Auch im Folgenden sahen wir mehrere Schweinshirsche im Elefantengras, doch ließen sie den Elefanten nie näher als 40 Meter an sich herankommen, dann schlüpften sie davon, obwohl sie schon zuvor fast immer verdeckt waren. Diese rehgroße Hirschart ist vergleichsweise massiv gebaut, hat einen etwas runden Rücken und läuft mit dem Kopf nach unten, was wie bei einem Schwein aussieht, weshalb die Tiere auch diesen Namen bekommen haben. Zurzeit wurden Partien von trockenen Gras- und Schilfflächen abgebrannt, um den neuen Graswuchs zu fördern.

Auf meinen Rat änderte der Phanit kurz unsere Marschrichtung, damit wir aus dem Wind kamen und uns nicht dauernd Asche ins Gesicht und in die Kamera flog. Wieder am Ufer des Rapti angelangt, sahen wir ein kleineres Sumpfkrokodil eilig fortschwimmen, in der etwas sandigen Uferböschung die Trittsiegel eines Tigers, dessen Spur wir zunächst folgten. Als wir aber einen circa zwölfjährigen Nashornbullen sahen – so schätzte der Guide dessen Alter aufgrund seines Horns – verließen wir die Spur des Tigers, um das Panzernashorn zu fotografieren. Etwas später trafen wir auf einen weiteren, etwa drei bis vier Jahre alten Bullen, der Reißaus nahm.

Als es langsam dunkler wurde, kehrten wir in einer Schleife wieder zum Fluss zurück, wobei wir einen Sambar, ein Rudel Axishirsche und drei Nashörner sahen. Plötzlich meldete der Guide einen Bären, zu dem der Phanit den Elefanten lenkte. Es war ein großer männlicher Lippenbär, dessen Alter der Guide auf circa zehn Jahre schätzte. Er ließ sich von uns trotz unserer Nähe von zwölf Metern nicht stören, sondern grub eifrig nach Termiten, dabei große Staubwolken aufwirbelnd. Es war leider schon so dunkel, dass sich kein scharfes Bild bei dieser langen Belichtungszeit mehr machen ließ. Beide Tiere bewegten sich, der heim strebende Elefant und der emsige nachtaktive Bär, der während des durchschlafenen Tages wohl Hunger bekommen hatte. Mit bloßem Auge sah man die kräftige Bärengestalt aber gut, vor allem auch seine große weiße Schnauze, mit der er Termiten abzusaugen pflegt.

Abends besprach ich mit der Leitung der Lodge meine fotografischen Pläne und hatte das Glück, während meines Aufenthaltes die Zusage weitgehender Unterstützung und Kalu, einen guten Guide, zu erhalten. Erst am Abend fand ich die Zeit, mich über den Park weiter zu informieren. Die den Himalaya-Vorbergen (der Mahabharat-Kette) vorgelagerte Bergkette der Siwaliks (die in Nepal Churia heißt) gabelt sich im Chitwan, wobei der südliche Ast mit 751 Meter den höchsten Punkt des Parkes enthält. Die Schwemmland-Ebenen nördlich und südlich hiervon haben ungefähr eine Höhe von 140 Metern und enthalten auch einzelne kleine Seen. Diese Ebene wird geprägt durch den mächtigen Narayani und den bedeutend kleineren Rapti. Der Narayani entwässert einen Teil Nepals und sogar des tibetanischen Hochlandes, führt auch Schneewasser mit sich und trocknet im Sommer nie aus. In Indien wird der Narayani zum Gandak, der in den Ganges mündet. Der Rapti stammt aus den Siwaliks, ist während des Monsuns ein reißender Fluss, führt im Sommer aber nur wenig Wasser. Südlich des im Park liegenden Siwalik-Astes fließt der Reu, sozusagen die kleinere Ausgabe des Rapti, der seine eigenen Flussniederungen und Schwemmlandebenen hat. Rapti und Reu treffen sich kurz vor ihrer gemeinsamen Mündung in den Narayani. Der Chitwan erstreckt sich also sowohl über diese Ebenen, als auch über den südlichen Ast der Siwalik-Berge. Die Schwemmland-Ebenen sind mit Elefantengras bestanden, die etwas höheren Auwälder werden durch den mächtigen Kapok-Baum beherrscht. Auf noch etwas höherem Land und im Bergland dominiert der Sal-Baum, wie auch jenseits der indisch-nepalesischen Grenze im Dudwa. Im Chitwan bedeckt der Sal-Wald etwa 70 Prozent der Parkfläche.

Die ursprünglichen Einwohner des damals malariaverseuchten

Terai waren die Tharus, die heute nach der Invasion der aus dem Norden Nepals angesiedelten „hill people" nur noch etwa 12 Prozent ausmachen. Sie stellen aber die meisten und besten Fährtensucher, die als Guides beziehungsweise Naturalisten arbeiten. Das Zitat über die listenreiche Jagdweise des Panthers, das ich ziemlich gegen Ende des Yala-Kapitels machte, beruht ebenfalls auf der Beobachtung eines Tharu im Chitwan.

Die Tiger Tops Lodge (mit der angeschlossenen Jungle Lodge) ist wohl die bekannteste und sicherlich teuerste Lodge im Chitwan. Mit der Konzession, mitten im Park operieren zu dürfen, gibt es hier sehr gute Möglichkeiten, Tiere zu sehen. Dies war für mich ausschlaggebend, nicht der damit verbundene Luxus. Interessant ist das Haupthaus der Lodge mit Gästezimmern, das um einen riesigen alten Kapok-Baum herum gebaut wurde. Tiger Tops wurde 1964 durch zwei Texaner begründet, dann an eine englische Gesellschaft verkauft, die es heute betreibt.

Das also war mein Wissensstand, als es am nächsten Morgen mit Kalu zusammen hinausging. Wir hatten einen Jeep mit Fahrer zur Verfügung. Nachdem wir den Rapti auf der Furt mit ganz geringer Wassertiefe überquert hatten, machten wir uns auf die längere Strecke in das östlich liegende Kasara. Dort ist die Parkverwaltung angesiedelt und auch ein kleines, allerdings sehr einfaches und etwas verwahrlostes Museum vorhanden. Vor allem aber befindet sich dort eine Gavial-Zuchtfarm. Der Ganges-Gavial ist eine der subindischen Krokodilarten, die sich völlig auf Fische spezialisiert hat, größer als das Sumpfkrokodil und fast so groß wie das Leistenkrokodil. Entsprechend ist auch seine Schnauze sehr schmal und lang, optimiert für den Fischfang. Der Gavial war durch Zerstörung seines Lebensraumes, Jagd und Wilderei stark bedroht. Man begründete ein Projekt und diese Zuchtfarm, übrigens auch mit Unterstützung der Frankfurter Zoologischen Gesellschaft. In den verschiede-

nen Becken sieht man unterschiedlich alte Gaviale, die aus den ein-
gesammelten Eiern ausgebrütet wurden und nach etwa sechs Jahren, wenn sie mindestens einen Meter lang sind, in dem Narayani
ausgesetzt werden. Auf unserem Rückweg zur Lodge sahen wir
zwei Muntjaks und mehrere Schweinshirsche, die allesamt sofort in
Deckung gingen und wegzogen, als sich der Jeep näherte. Wir stießen auch auf eine ältere Tigerspur und sahen einige Sumpfkrokodile, die aber zu weit entfernt waren.

Wieder in der Lodge ange-
kommen, probierte ich endlich
mein neues Objektiv mit der
vollen Brennweite von 500
Millimetern aus, indem ich aus
über 30 Meter Entfernung einige Hanuman-Languren, darunter eine Äffin mit ihrem Kleinen, aufnahm.

Vor dem Mittagessen hatte ich
noch etwas Zeit und trat vor
das Restaurant der Lodge, vor
dem ein großer Platz war und
nördlich davon, einige Meter
tiefer liegend, eine große Gras-
und Riedfläche, die man gut einsehen konnte. Dort stand eine Nashornkuh mit ihrem Kalb, die man gut beobachten konnte, bevor sie
in das hohe Elefantengras zogen.

Nachmittags fuhren wir wieder mit dem Jeep los. Wie wir bald
merkten, hatten wir diesmal einen schlechten Fahrer bekommen,
der auch etwas langsam von Begriff war. Mit dem Fahrzeug gelangt
man auf den Parkwegen alle paar Kilometer an einen Militärposten,
wo Fahrzeug und Besatzung kontrolliert werden, ebenso wie Leute,

die dort zu Fuß passieren wollen. Der Captain dieser Militäreinheit wurde von uns mitgenommen. Dem Militär obliegt die Bewachung des Parks, wobei es in erster Linie um den Schutz von Panzernashorn und Tiger geht, aber auch um Wilderei gegenüber anderen Tierarten und das verbotene Einbringen von Vieh in den Park. Ich saß neben dem Fahrer, Kalu und der Captain auf den Sitzen längsseits auf der Ladefläche. Die Jeeps durften keinerlei Aufbauten, also auch kein Gestänge haben, so dass ich, manchmal mit meinem Einbeinstativ, oder am Rahmen der Fahrerzelle angestrichen, besser vom tieferen Beifahrersitz aus fotografierte, indem ich aufstand. Außerdem war die Kamera in der Fahrerkabine doch besser gegen den ständigen Staub geschützt, als auf der völlig ungeschützten Lade-und Sitzplattform hinten.

Zunächst verhalf ich uns allen zu einem kleinen Stopp, weil ich einen noch jüngeren Kapok-Baum sah, der in herrlicher roter Blütenpracht stand.
Kalu hatte mir schon erzählt, dass dieses Jahr der Kapok besonders

schön blühte, während letztes Jahr die „flame-of-the-forest", die „Flamme des Waldes" wie der Palash, Palasabaum oder Lackbaum auch heißt, die Wälder hier mit seinen feuerroten Blüten in Brand zu setzen schien. Danach sahen wir im relativ offenen, da zum Teil abgebrannten, Elefantengras kurz hintereinander zwei Nashornbullen. Kurze Zeit

später trafen wir auf einen älteren und etwas kompakteren Bullen, den Kalu auf über 20 Jahre schätzte. Er hatte auf der rechten Hinterkeule eine ganz frische große Wunde, eine sicherlich von einem anderen Bullen zugefügte Bissverletzung. Zu dieser Zeit, also im Februar und März, spielte sich die Brunft der Panzernashörner ab; die Bullen geraten da manchmal hart aneinander. Gleich in der Nähe war ein Beobachtungsturm, auf dem ich einige Zeit sitzen und beobachten wollte. Von oben aus sahen wir auch ein weiteres Nashorn, das wir aber wegen der größeren Entfernung nicht näher bestimmen konnten. Nach einer halben Stunde stiegen wir wieder in den Jeep und fuhren in den angrenzenden Dschungel.

Den riesigen Panzernashorn-Bullen, der auf der Fahrerseite hinter einem kleinen Busch neben dem Fahrweg stand, sah ich zuerst und sagte dem Fahrer, er solle halten. Das funktionierte aber erst, nachdem Kalu und ich es lauter wiederholten. Dies war der größte Bulle, den ich bislang sah und er hatte auch das längste Horn, das aber bei seiner Größe eher klein aussah. Dieses Prachtexemplar zu bestaunen und zu fotografieren, hatten wir aber keine Zeit, denn der Bulle griff an. Als dies der Fahrer endlich merkte – der Bulle war schon fast drei Meter hinter dem Jeep – fuhr er so ruckartig an, dass es den Captain fast vom Jeep geschleudert hätte. Er konnte sich gerade noch an der Bordwand fest halten, sonst war nichts da was Halt geboten hätte. Nun gewannen wir Abstand und erholten uns von dem Schreck. Inzwischen war der Bulle auf die andere Seite gezogen und stand in dem abgeflämmten Rohr, das zwischen Fahrweg und Bäumen stand. Ich hatte inzwischen glücklich meine Kamera aus ihrem Staubsack herausgeholt und konnte eine Aufnahme machen, nachdem unser bravouröser Fahrer den Jeep wieder etwas zurückgesetzt hatte. Der große Bulle ging nun einige Meter in den Sal-Wald hinein und kam von dort wieder auf uns zu. Mir war klar, dass er nun nochmals angreifen würde, das heißt er durfte uns nicht überholen und von vorne kommen. Denn so schnell wie der Bulle war, hätte der Fahrer auf dem gewundenen Weg niemals rückwärtsfahren können. Wir mussten jetzt losfahren, um den Bullen hinter statt vor uns zu haben, aber diese Erkenntnis überstieg anscheinend das Denkvermögen des Fahrers. Zum Glück half ihm der Bulle aus der Patsche, indem er so früh angriff, dass er praktisch von der Seite kam. Der Fahrer überlegte, und überlegte, dann schaltete er ruckartig, man hörte das Getriebe krachen. Der Jeep sprang vorwärts und gewann wieder Abstand, als der Bulle nur noch einen Meter hinter uns war. In diesem Moment machte ich das letzte Foto des eingelegten Films, das allerdings nicht brauchbar ist, da es nur den unteren Teil des übergroßen Nashornkopfes verschwommen zeigt. Auf beiden Kameras hatte ich nicht die hier erforderliche Brennweite von 35 bis 50 Millimeter zur Verfügung. Das Panzernashorn gab die Verfolgung erst auf, als ihm klar wurde, dass es seine drei Tonnen nicht so schnell beschleunigen konnte wie dieser laute stinkende Nebenbuhler – als solches mussten wir ihm wohl erscheinen. Offensichtlich war der Bulle zufrieden damit, uns genügend auf Schwung gebracht zu haben, so dass er sich wieder seiner brunftigen Kuh widmen konnte, die irgendwo in den Büschen stecken mochte. Wahrscheinlich war er derjenige gewesen, der dem anderen Bullen, den wir kurz vorher und nicht weit von hier gesehen hatten, die böse Bisswunde zugefügt hatte.

Nun fuhren wir weiter, und langsam wurde es schon ein bisschen dämmrig, als ich einen schwarzen Klotz sah und sofort fotografierte, weil ich glaubte, einen Lippenbären vor mir zu haben. Dann aber sah ich den Kopf des Tieres genau: es war ein starker Keiler. Kurze Zeit später hörten wir Warnlaute und hielten an – wir dachten, hier sei ein Tiger unterwegs. Dann aber hörten wir neue Geräusche und sahen etwas, was die Lösung des Rätsels brachte: Unter zornigem Grunzen, Prusten, Schnauben und schreiendem Brüllen, jagten sich zwei Nashörner durch den Busch, Staub aufwirbelnd. Da dies nicht weit von unserem angriffslustigen Nashornbullen von vorher war, gab es nur eine Erklärung: das war er mit seiner Kuh, denn man sah die hohe Rückenlinie eines großen und die niedrigere eines kleineren Nashorn-Körpers sich kreuz und quer durch das Rohr bewegen. Wer hier hinter wem nachlief, konnte man allerdings nur vermuten. Wie unter Nashörnern in der Brunft üblich, gab es zwei Möglichkeiten. Entweder wollte sie von seiner Annäherung noch nichts wissen, oder aber sie war schon bereit und folgte ihm, um ihn an seine Pflicht zu erinnern. Nach erfolgter Vereinigung – die so lange dauert, dass die Chinesen von alters her glauben, dies sei nur infolge der stimulierenden sexuellen Kraft des Horns möglich – gehen beide wieder getrennte Wege.

Erst bei Dunkelheit, also etwas zu spät, kamen wir wieder in der Lodge an, doch wurde keine Kritik geäußert, da wir mit dem Captain unterwegs waren, der uns auch die Passage bei den verschiedenen Kontrollposten erleichtert hatte. Übrigens war mir bei einem dieser Kontrollposten noch aufgefallen, dass in einem Gatter am Vortage nur einige, heute jedoch viele Hausbüffel vorhanden waren. Das Militär treibt sie zusammen, bis sie von ihren Eigentümern ausgelöst werden. Es ist verboten, Vieh in den Park einzubringen. Wird die Auslösung nicht bezahlt, werden die Tiere vom Militär verkauft.

Am nächsten Vormittag war eine Bootsfahrt auf dem Narayani geplant mit dem Ziel, Gaviale zu sehen. Da diese sich zum Sonnen

ans Ufer legen, durften wir nicht zu früh dort sein. Daher brachen wir erst um 9 Uhr auf, wobei es zunächst mit dem Jeep zum Fluss ging. Kalu und ich nahmen in einem Boot Platz, das von zwei Ru derern gesteuert wurde. Im Boot fuhren wir etwa sechs Kilometer flussabwärts, sorgfältig in der richtigen Fahrrinne, da auch kleine Stromschnellen zu überwinden waren. Neben vielen Enten trafen wir auch auf ebenso viele Fischer, die mit Booten und Netzen hantierten. Gaviale sahen wir nur an einer Stelle, und dort auch nur vier Tiere, ein größeres Männchen (Bild) und drei Weibchen. Sie lagen am Ufer in der Sonne und hielten das geräuschlos auf etwa 12 Meter vorbei gleitende Boot ohne weiteres aus, so dass ich gut fotografieren konnte. Man sieht die lange schmale Schnauze, die die Evolution dem Tier mitgegeben hat, das optimale Werkzeug für den Fischfang. 2012 schätzte man den Bestand nur mehr auf circa 2.500 Tiere, die Art ist bedroht.

Als wir nach Ende unserer Bootsfahrt wieder anlegten, erläuterte mir Kalu, dass früher bis zu dieser Stelle regelmäßig Gangesdelphine den Fluss hochgekommen seien. Dies sei aber Vergangenheit, denn heute sei die Wasserqualität schlechter, Nahrung dadurch weniger vorhanden und Störungen durch Menschen häufiger (2012

standen sie auf der roten Liste). Wir bestiegen wieder unseren Jeep, der auf dem Landweg hergekommen war um uns abzuholen. Auf dem Rückweg bat ich Kalu, von einem großen Kapok-Baum und mir ein Foto zu machen, um zu demonstrieren, wie gewaltig die Stützwurzeln dieses Giganten im Auwald sind. Bevor wir wieder die Lodge erreichten, hatten wir noch zwei interessante Begegnungen. An einem kleinen Flusslauf mit Tümpeln

sahen wir in relativ naher Entfernung ein größeres Sumpfkrokodil, das sich ebenfalls sonnte und in dieser Lage einen guten Vergleich zu dem Gavial ermöglicht.

Zu den Lautäußerungen von Gavial und Sumpfkrokodil hat sich R.S. Dharmakumarsinhji übrigens wie folgt geäußert (Zitat K3): „Ich machte einst eine außerordentliche Erfahrung während ich mich an einen Gavial (Gavialis gangeticus) in einem Fluss in Zentral-Indien heranpirschte. Ein riesiger Gavial lag am Ufer. Nachdem ich mich an die Stelle herangepirscht hatte, von der aus ich schießen konnte, sah mich dieses lange, fischfressende, primitive Krokodil mit extrem schmaler und langer Schnauze, und schlüpfte ins Wasser, seinen Kopf über Wasser haltend. Ich konnte die topfartige Erhebung auf der Spitze seiner Schnauze sehen, von der sein indischer Name „Gharial" (ein Gharial ist ein kleiner Topf) abgeleitet ist. Ich konnte auch seine gewölbten runden gelben Augen sehen. Dann hörte ich plötzlich ein lautes pfeifenartiges Geräusch, als ob eine Lokomotive Dampf ablässt und sah Wasserdampf aus seinen Nüstern treten, wonach es unmittelbar untertauchte. Ob dieses Geräusch im Ärger oder als Alarm ausgestoßen wurde, kann ich nicht sagen, aber es handelte sich offensichtlich um einen männlichen Gavial. Ich habe „palustris" [das Sumpfkrokodil] ein lautes Zischen und ein trommelartiges Knurren ausstoßen hören wenn es gestört wurde. Im Allgemeinen ist der Mugger [das Sumpfkrokodil] ein leises Krokodil, sogar während seiner Paarungszeit. Aber dieses Geräusch des Gavial war sehr erschreckend."

Das andere zufällige Zusammentreffen erfolgte mit einem weiblichen Muntjak. Nach so vielen vergeblichen Versuchen konnte ich das scheue Tier diesmal fotografieren und einige Minuten beobachten, bevor es wieder im Blätterwerk untertauchte.

In der Mittagspause zog ich, und Kalu ebenfalls, von der Lodge in das Zeltcamp um, das etwas südöstlicher von der Lodge und ganz in der Nähe des Reu liegt. Dort sind auch einige Reitelefanten stationiert. Die Unterbringung erfolgt in Zelten, die ganze Einheit ist viel kleiner und näher am Busen der Natur, aber selbst hier hatte man ein eigenes kleines „Badezimmer"-Zelt mit warmem Wasser zur Verfügung. Ich wollte auch von diesem Camp aus die Gegend erkunden.

Als wir ankamen, war immer noch etwas Aufregung unter den Gästen, die hier am Vormittag an den Elefanten-Ausritten teilgenommen hatten. Sie waren mit drei Elefanten, zwei Kühen und einem Bullen, unterwegs gewesen, als die beiden Kühe im Rohr einen

männlichen Tiger überraschten. Der war darüber wohl sehr ungehalten und wollte die ihm nächste Kuh annehmen. Die beiden Elefantenkühe kreischten und trompeteten wild, so dass der Tiger abschwenkte und sich absetzte.

Am Nachmittag fuhren Kalu und ich wieder mit dem Jeep los, weil wir diesen allein für uns haben konnten. Diese Autopirsch führte uns über die Lodge und den Rapti wieder in die Gegend unseres Erlebnisses mit dem angreifenden Nashorn-Bullen. Etwas weiter im Sal-Wald stießen wir auf eine vierzehnköpfige Gaur-Herde, die ich längere Zeit beobachten und fotografieren konnte. Es war ein alter Herdenbulle (Bild vorige Seite) vertreten, einige jüngere Bullen und Kühe sowie ältere Kühe mit ihren Kälbern.

Statt denselben gewundenen Weg zurück zu nehmen, suchte unser Fahrer eine Abkürzung kreuz und quer durch den lichten Wald, kam aber nicht durch. Wir mussten wieder zurück und die sichere längere Strecke nehmen. Als wir auf dem langen geraden Hauptweg

waren, hielten wir an, um auf Warnlaute zu lauschen. Ich beobachtete den langen Weg vor uns und sah plötzlich etwa 400 Meter entfernt einen Tiger links aus dem Dschungel auf den Weg treten. Mit dem Fernglas konnte man ihn einwandfrei beobachten. Er kam 100 bis 150 Meter auf uns zu, dabei machte ich (mit Brennweite 500 Millimeter) einige Aufnahmen über die verbleibende Entfernung von etwa 250 Meter. Wir hatten uns entschlossen, ihm nicht entgegen zu fahren, sondern ruhig zu warten in der Hoffnung, dass er noch viel näher kommen würde. Dies tat er allerdings nicht, denn direkt nachdem ich die Bilder gemacht hatte, ging er an den rechten Wegrand, nässte dort und zog anschließend nach rechts in den Dschungel. Mit dem Fernglas konnte er einwandfrei als ausgewachsener starker männlicher Tiger angesprochen werden. Wir warteten noch etwas und fuhren dann langsam an die Stelle seines Verschwindens, sahen ihn aber nicht mehr. Dieser Ort des Geschehens war in der Luftlinie nicht weit von der Stelle, wo wir die Gaurs gesehen hatten, lediglich der Fahrweg dorthin war um ein Vielfaches länger. Wie mir später der alte erfahrene Guide Dan erzählte, war dies wahrscheinlich der Tiger, der einen Gaur-Bullen gerissen hatte.

Wir waren wieder auf dem Rückweg Richtung Lodge, es war schon nach sechs Uhr abends, als der Fahrer plötzlich einen Lippenbären links im teilweise verbrannten Rohr entdeckte. Wir hielten sofort und ich versuchte, obwohl es eigentlich schon zu dunkel war, einige Aufnahmen zu machen. Dabei fiel mir auf, dass der Bär auf seinem Rücken ein sehr zerzaustes Fell beziehungsweise zwei Höcker hatte. Kalu hatte ihn währenddessen mit dem Glas betrachtet und meldete, dass es eine Bärin mit zwei Jungen auf ihrem Rücken sei.
Es ist üblich bei Lippenbären, dass die Bärin, wenn die noch kleinen Jungen schon etwas klettern und sich festhalten können, diese auf ihrem Rücken einfach bei der Nahrungssuche mitnimmt. Dies ist für die Kleinen viel sicherer, als wenn sie von der Mutter zurückgelassen würden, da sie in diesem Alter eine leichte Beute selbst für kleineres Raubwild wie zum Beispiel Schakale darstellen. Einer Bärin mit Jungen darf man als Fußgänger nicht zu nahe kommen, sie geht dann wie eine Furie auf Menschen und andere Tiere los, weil sie ihren Nachwuchs bedroht sieht. Mit seinen langen kräftigen, zum Öffnen von harten Termitenbauen geeigneten Krallen an den Vorderpranken, kann ein Lippenbär fürchterliche Verletzungen verursachen.

Ich erwachte am nächsten Morgen schon um fünf Uhr, weil ganz in der Nähe ein Sambar laut und deutlich schreckte. Vermutlich hatte er einen Tiger oder Panther entdeckt. Wir brachen schon um 6.15 Uhr mit einem Elefanten auf, um den Reu zu überqueren und uns unbehelligt durch Nashörner durchs Elefantengras an eine Kanzel bringen zu lassen; von dort aus wollten wir Tiere beobachten. Als wir aber bei der Kanzel ankamen, fanden wir diese zerstört vor. Kalu erklärte mir, das seien in der Umgebung ansässige Bauern gewesen. Ich hatte darüber gelesen, dass die Leute unzufrieden sind, weil sie an der Parknutzung (außer den zwei Wochen der Parköffnung zum Schneiden von Gras, das zur Dachdeckung und als Viehfutter verwendet wird) nicht profitieren. Außerdem erhalten sie von den Einnahmen der Lodges nichts, andererseits aber tragen sie den Schaden, den Wildtiere an ihren Feldern anrichten.

Ich veranlasste Kalu, den Phanit zu einer anderen, nahe des Fahrweges liegenden, Kanzel zu dirigieren. Wir überquerten nochmals einen Wasserarm des Reu und wurden an der gewünschten Kanzel abgesetzt. Der Phanit eilte dann mit seinem Elefanten wieder ins Camp zurück, weil er andere Parkbesucher zum Morgenritt übernehmen musste. Kalu und ich machten es uns auf dieser Kanzel bequem. In einem Eck lag viel Fledermausmist, das heißt an dieser Stelle unter dem Reetdach hingen tagsüber normalerweise Fledermäuse. Anblick von Nashörnern hatten wir auch sofort, eine Kuh mit älterem Kalb befand sich ganz in der Nähe, eine andere mit gleich altem Kalb etwas weiter weg im Elefantengras.

Das erste Paar äste dicht an der Kanzel vorbei, das andere Paar näherte sich ihnen. Als sich das Kalb der ersten Kuh etwas entfernte, und dabei fast auf die zweite Kuh stieß, reagierte diese cholerisch, indem sie grunzend auf das quiekende Kalb zustürzte und es vertrieb. Die Mutter des vertriebenen Kalbes reagierte sofort, als sie aber sah, dass es nur die andere Familie war, nahm sie weiter keine

Notiz mehr von dem Vorfall. Das zweite Kalb jedoch kam schnell zu seiner aggressiven Mutter gelaufen, wobei die beiden für einen Augenblick an einer freien sandigen Stelle verharrten. Man sieht, welch respektables Horn diese Nashornkuh besaß, das längste, das ich bei einer Kuh feststellte.

Außer diesen Panzernashörnern und einigen Vögeln sahen wir nichts mehr von dieser Kanzel, und verließen sie deshalb nach etwa zweieinhalb Stunden. Da wir den Wasserarm des Reu am Jeep-Haltepunkt auf dem dort gebauten kleinen Brückchen überqueren konnten, machten wir die kleine Wanderung zurück ins Zeltcamp zu Fuß. Auf dem Rückweg trafen wir nochmals unseren Phanit auf seinem Elefantenbullen, der den Ausritt beendet und die Gäste im Zeltcamp wieder abgeliefert hatte. Dieser zwanzig Jahre alte und damit noch junge Bulle war übrigens der größte Elefant, den ich im Chitwan sah, mit 9 Fuß vielleicht etwas kleiner als die alten in Sri Lanka angetroffenen Bullen der Sumpfelefanten, und erheblich kleiner als der Riese von Kanha.

Nachmittags machten wir dann selbst einen Elefantenausritt. Dabei kamen wir an einen sehr langen aber schmalen Wassergraben, in dem vereinzelt große tote Fische schwammen, mit dem Bauch nach oben. Auch hierfür machte Kalu die nahe ansässigen Bauern verantwortlich, sie hätten das Gewässer vergiftet; abends erfuhr ich dazu noch von anderer Seite, dass die Bauern die toten Fische her-

ausholten und äßen. Man wusste nicht zu sagen, welches Gift eingesetzt wurde, doch sah ich neben den toten Fischen auch zwei Sumpfkrokodile, die so dick waren, als ob sie zentnerweise toten Fisch gefressen hätten. Denen schien es jedenfalls nichts auszumachen. Auf einem Ast eines nahen Baumes saß ein Indischer Schlangenhabicht, der die Annäherung des Elefanten so gut aushielt, dass ich ihn aus der Nähe fotografieren konnte.

Auch ein Kleiner Adjutant oder Sunda-Marabu saß in der Nähe, flog aber bei unserer Annäherung auf, jedoch direkt über uns hinweg: Dieser mächtige Vogel hat in der Tat eine riesige Flügelspannweite!

Wir überquerten das vergiftete Gewässer und kamen in eine teilweise abgebrannte Fläche von Elefantengras. Darin gewahrten wir einige Schweinshirsche, die wie üblich sofort in Deckung gingen, und etwas später einen Nashornbullen, der auf uns zukam. Dem Phanit passte das gar nicht, deshalb wendete er unsere 28 Jahre alte Elefantenkuh und trieb sie auf das Panzernashorn zu. Dabei schrie er laut an beide gewendet, um sowohl die Elefantenkuh anzutreiben, als auch, um den Bullen zu verscheuchen. Der räumte, wenn auch widerwillig, vor der Elefantenkuh das Feld.

Da wir am nächsten Tag keinen Elefanten für uns bekommen konnten, machten wir wieder mit dem Jeep eine Pirschfahrt, die uns über die Lodge und durch den Rapti noch einmal in die Gegend der Kanzel führte, auf die wir uns vor einigen Tagen mit dem Captain gesetzt hatten. Dort im offenen Gelände standen zwei mächtige Gaur-Bullen und ein Rudel Axishirsche, das schätzungsweise 80 Tiere umfasste. Ein größeres Axis-Rudel hatte ich noch nicht gesehen. Einer der Gaur-Bullen zog anschließend in den angrenzenden Sal-Wald, wo eine kleinere Gaur-Herde stand. Bei der weiteren Pirschfahrt sahen wir zwei Wildschweine den Fahrweg überqueren, später begegneten wir den Gaurs noch einmal, die inzwischen etwas weiter gezogen waren. Wir waren schon wieder auf dem Rückweg

zu unserer Lodge, als wir neben dem Fahrweg ein Pärchen Schweinshirsche sahen, endlich einmal im Offenen. Der schnell hingeworfene Schnappschuss – denn kaum sahen uns die Tiere, als sie auch sofort in die Büsche schlüpften – zeigt den Hirsch noch im Bast.

Als wir die Lodge schon passiert hatten und nur noch kurz vor dem

Reu-Nebenarm waren mit dem Ende des Weges für Jeeps, fiel mir ein wundervolles farbiges Bild auf, das ich in dem eher noch kahlen botanischen Umfeld – es war ja Ende Winter beziehungsweise Anfang Frühling – mit Ausnahme der blühenden Kapok-Bäume noch nicht gesehen hatte. Ich ließ halten und machte eine Aufnahme, in der diese Farbenvielfalt zum Ausdruck kommt.

Wieder im Zeltcamp, erzählte mir ein Ehepaar aus Neuseeland, das diesen Morgen mit dem Elefanten unterwegs gewesen war, dass sie an den frisch geschlagenen Kadaver eines Gaur-Kalbes gekommen seien. Das Kalb hätten sie zwei oder drei Tage vorher noch bei der Herde gesehen; dort sei es aufgefallen, weil es auf einem Hinterlauf stark schonte. Die beiden zusammen gehenden Elefanten seien sehr unruhig geworden und hätten sich geweigert, weiter zu gehen. Dann sahen sie in den Lücken des Buschwerks einen Tiger davon gleiten. Das war also die zweite Tiger-Begegnung innerhalb weniger Tage, die man vom Zeltcamp aus mit Elefanten hatte.

Was übrigens den Tigerbestand im Chitwan anbetrifft, so erbrachte im Jahre 2002 die Zählung circa 80 Exemplare. Im Jahre 2013 wurde wieder eine Erhebung vorgenommen, die einen erfreulichen Zuwachs auf ungefähr 120 Tiere ergab.

Am Nachmittag wollte ich mit Kalu einmal eine Pirsch zu Fuß machen, entschied mich aber, nur eine Kamera mitzunehmen, da ich in einer Hand das Einbeinstativ als Spazierstock benutzte. Als sich Kalu auch einen kräftigen langen Stock brach, fragte ich ihn danach, denn mir war aufgefallen, dass er dies auch jedes Mal tat, wenn wir vom Jeep-Halteplatz aus die letzte Strecke von etwa 15 bis 20 Minuten zu Fuß über das bereits erwähnte Brückchen in das Zeltcamp gingen und umgekehrt. Auch als wir zu Fuß von der Kanzel zum Camp zurückgingen, hatte er sich einen Stock gesucht und mitgenommen.

Er sagte, das sei für den Fall einer unvorhergesehenen Begegnung mit einem Nashorn. Wie das denn funktioniere, wollte ich wissen. Mit dem Stock würde er im Laub kräftig rascheln, meinte er, dann liefe das Nashorn in aller Regel weg. Und wenn es trotzdem käme um anzugreifen, wollte ich wissen? Dann müsse man ihm einen kräftigen Schlag mit dem Stock versetzen, das helfe, erwiderte er. Na gut, dachte ich mir, besser ist es jedenfalls, das Tier zuerst zu sehen und auszuweichen, notfalls einen Baum hoch. Als ob er meine Gedanken erraten hätte, fügte er noch hinzu: Aber bei diesen Parkwanderungen bliebe man immer auf Fußwegen, man gehe nicht durch dichtes Gras oder Rohr.

Bereits nach einer Viertelstunde gelangten wir an eine Kanzel, die an einer Wasserstelle lag. Im Monsun mag dieses kleine stehende Gewässer mit dem Reu in Verbindung stehen, jetzt und während des Sommers sicherlich nicht. Trotzdem sah ich einige etwa einen Meter lange schlanke Fische, von denen mir Kalu sagte, dass es Raubfische seien, die man hier Saura nenne. Leider konnte ich den deutschen oder wissenschaftlichen Namen nicht ermitteln.

Auf meine Frage hin, ob hier auch die Fischkatze her käme, bejahte dies Kalu sofort. Sie würde hier sogar oft gesehen werden; erstaunlich sei, dass sie sich beim Fischen − wie auch andere Katzen − möglichst nicht nass mache. Sie würde den Wasserbewohnern am Ufer auflauern und sie nur mit den Pfoten heraus schleudern. Die Fischkatze ist die größte Art in ihrer Gattung; mit ihrem gedrungenen Körperbau, dem kräftigen Gebiss und einem Gewicht von etwa fünfzehn Kilogramm ist sie bereits ein recht kräftiges Tier. Da mir ebenfalls die vielen Wasservögel auffielen und ich dies erwähnte, erzählte mir Kalu hierzu, dass diese Rohrfläche ein großer beliebter Nistplatz sei. Leider würden auch hier die um den Park ansässigen Leute eindringen und Eier sammeln. Dies habe vor einigen Jahren dazu geführt, dass die Vögel an dieser Stelle nicht mehr nisteten.

Jetzt erst kämen sie langsam wieder.

Wir verließen die Kanzel nach einiger Zeit und setzten unseren Pirschgang fort. Wir gingen noch eine halbe Stunde zügig weiter und setzten uns dann an das Ufer eines Reu-Nebenarms ins Gras, um zu beobachten. In der Uferregion der anderen Flussseite sahen wir rechts ein Rudel Axishirsche, links ein einzelnes Nashorn, das wir der großen Entfernung wegen auch mit dem Fernglas nicht genauer ansprechen konnten. Plötzlich tauchten leise und unverhofft auf diesem kleinen von uns begangenen Fußpfad und Tierwechsel zwei Leute auf. Der Mann und die Frau stammten offensichtlich aus dem nächsten Bauerndorf und hatten sich je einen Arm voller Schösslinge einer bestimmten Rohrart geholt. Kalu sprach mit ihnen, dann setzten die beiden ihren Weg fort. Die Schösslinge wollten sie verkaufen, teilte mir Kalu mit. Das Problem mit diesen Leuten sei, dass sie oft – vor allem während der offiziell erlaubten Grasernte – mitten durch das Elefantengras gingen, wo sie dann manchmal auf Nashörner und Tiger träfen, was ab und zu Unfälle zur Folge habe.

Nach dieser Störung machten wir uns wieder auf den Heimweg. Dabei untersuchten wir zwei Stellen genauer, wo wir auf dem Herweg Tiger- und Panther-Spuren gesehen hatten, und fanden Kratzspuren auf der Erde. Die frische Kratzspur neben der Tigerspur war etwa 60 Zentimeter lang und ziemlich breit; sie dient, genauso wie das Urinspritzen, der Revierkennzeichnung. Die etwas später entdeckte Kratzspur eines Panthers war nur der schlampige Versuch, den eigenen Kothaufen zuzudecken. Das hatte ich bereits zwei Mal ganz ähnlich schon im Gobi-Altai in der Mongolei gesehen. Dort war es vom Schneeleoparden verursacht worden, ohne dass hierbei die Losung wirklich zugedeckt worden wäre wie bei einer ordentlichen Hauskatze.

Kalus Aufmerksamkeit förderte auch noch eine dritte Kratzspur zu

Tage, aber diesmal an einem Baum. Sie stammte vom Tiger, einige Marken waren ziemlich frisch, die Mehrzahl aber alt, sozusagen ein Stammbaum.

Nach unserer Rückkehr ins Zeltcamp, ästen unterhalb meines Zeltes im Elefantengras eine Nashorn-Kuh mit ihrem schon großen Kalb. Eine halbe Stunde später – es war schon 18.30 Uhr und etwas dämmrig – trat vom Grasdschungel der anderen Seite eine andere Nashorn-Kuh heraus, die ein kleines Kalb im Alter von circa einem Monat und mit einer Schulterhöhe von höchstens der eines Tigers mit sich führte.

Diese Situation nutzte ich, um mit Dan, dem ältesten und sehr erfahrenen Guide von Tiger Tops, der zufällig anwesend war, ein Gespräch zu führen. Er sagte mir, dass in dieser Saison, also vom Oktober 1999 bis zum 10. März 2000, bereits sechs Nashorn-Kälber von Tigern gerissen worden seien. Ich fragte, ob denn die Kuh das Kalb nicht gegen einen Tiger verteidigen könne. Er bejahte dies zwar, doch erläuterte er, dass die Tiger sehr klug vorgingen. Sie würden die Nashorn-Kuh und ihr Kalb lange beobachten und das Kalb erst dann angreifen, wenn es von seiner Mutter etwas entfernt sei. Mit den dabei erhaltenen Verletzungen könne das Kalb oft nicht mehr so schnell mit der Kuh mitziehen, so dass sich meist Gelegenheit zu weiteren Angriffen böte, bis das Kalb getötet sei. Eine erfahrene Nashorn-Mutter allerdings würde ihr kleines Kalb immer sehr dicht bei sich halten, so dass es in solchen Fällen gar nicht erst zu einem Angriff des Tigers käme. In derselben Zeit (dieser Saison) habe man auch zwei vom Tiger gerissene Gaur-Kälber gefunden, das letzte erst gestern, worüber die Leute aus Neuseeland mir schon berichtet hatten. Auch ein erwachsener Gaur-Bulle sei geschlagen worden, eine Gaur-Kuh habe einen Angriff überlebt mit deutlichen Verletzungen.

Zu dem Geschehen des gerissenen Gaur-Bullen gab mir Kalu später noch die Information, dass in der Gegend, wo wir die Gaurs und den Tiger gesehen hätten, ein großer männlicher Tiger ginge – möglicherweise der, den ich fotografiert hatte. Dieser starke selbstbewusste Bursche würde es fertig bringen, einem Gaur auf den Rücken zu springen und ihn zu überwältigen; ab und zu fiele ihm dadurch ein erwachsener Gaur zum Opfer. Ich fragte Dan, ob in der Ranz, während Tiger und Tigerin etwa eine Woche zusammen sind und gemeinsam auf Jagd gingen, eine so große Beute eher überwältigt werden könne? Dem stimmte Dan zu.

Wir unterhielten uns weiter über Tiger, über die im Chitwan zoologische Studien im Rahmen des Tiger Ecology Project und als Folgemaßnahme das Tiger Monitoring Project durchgeführt wurden. Das alles hatte Dan miterlebt; hierzu sagte er mir, dass die ältesten Individuen mit 14 (männlicher Tiger) beziehungsweise 18 Jahren (Tigerin) ermittelt wurden. In dieser Zeit habe es einen sehr dominanten männlichen Tiger gegeben, dem es gelungen sei, ein riesiges Territorium mit zeitweise 8 Tigerinnen zu halten. Dann kam er auf das meist emotional hochgespielte Thema des Menschenfressers zu sprechen. Im Schnitt alle drei Jahre passiere es, dass so ein Fall auftrete und die Parkverwaltung dann reagieren müsse. Das konnte ich mir gut vorstellen, hatte ich doch selbst gesehen, wie Grasschneider, Sammler oder Bauern aus den umliegenden Dörfern verbotenerweise oder ohne gebührende Vorsicht im Park unterwegs waren, und selbst in dichte Stellen im Elefantengras eindrangen, wo Tiger oder Nashorn ihre Jungen haben.

Zum Schluss fragte ich Dan noch, ob er im Verlaufe seiner langen Praxis einmal beobachtet habe, wie ein Tiger ein Wildschwein erbeutete? Er nickte und sagte, folgendes Erlebnis sei ihm noch in guter Erinnerung, obwohl schon einige Jahre her:

Er sei mit einigen anderen Leuten am Dschungelrand gestanden, an einer Stelle, wo dieser durch einen Streifen kurzen Grases von dem

Elefantengras getrennt war. Da hörten sie Geräusche aus dem Dschungel, kurz darauf raste ein Keiler heraus in voller Flucht, und dicht dahinter eine Tigerin, die ihn mit ihren Vorderpranken an den beiden hinteren Keulen erwischte und fest hielt. Daraufhin drehte sich der Keiler so schnell um sich selbst, dass die Tigerin halb in der Luft mitschwang. Nach einigen Umdrehungen riss aber dieses Karussell, die Pranken der Tigerin rutschten ab und der Keiler schoss in das Elefantengras, die Tigerin hinterher. Was weiter passiert sei, wisse er nicht, weitere Kampfgeräusche habe man nicht mehr gehört, wahrscheinlich sei der Keiler entkommen. Ich fragte, wie hoch er denn die Größe beziehungsweise das Gewicht der beiden Tiere einschätzen würde. Er erwiderte, sowohl Keiler wie auch Tigerin hätten wohl ungefähr 150 Kilogramm gehabt. Dies ist für mich eine Bestätigung dessen, was in den beiden diesbezüglichen Zitaten anderer Augenzeugen zum Ausdruck kam, die ich im Kapitel Nagarhole wiedergegeben habe.

Am nächsten Morgen, es war mein Abreisetag, machten wir noch eine letzte Autopirsch. Außer einem Muntjak und einigen Schweinshirschen sahen wir nichts Besonderes, und auch die Hirsche gingen sofort in Deckung, als der Jeep hielt. Kurz nach der Mittagszeit fand der Flug nach Kathmandu statt. Dies erfolgte mit der mir aus Nordamerika und Südafrika wohl bekannten De Haviland Twin Otter, einer kleinen Passagiermaschine, die uns so über die Siwaliks schaukelte, dass wieder das fliegerische Pioniergefühl aufkam. Das Maschinchen flog aber so niedrig, dass kein Blick oberhalb des Dunstes des Kathmandu-Tals möglich war, die weißen Spitzen des Himalaja blieben mir wiederum verborgen.

Kalu hatte mir noch gesagt, dass sich in den Bäumen mitten in Kathmandu, unweit des königlichen Palastes in Richtung Thamel, eine

Kolonie Indischer Riesenflughunde aufhalten würde. Dorthin ging ich dann um vier Uhr nachmittags, mit zwei Kameras bewaffnet. Ich musste einige Zeit suchen, bis ich die Kolonie entdeckte. Die Tiere hingen in einigen großen Bäumen des Parks, in dem sich das Ministerium für Bildung und Erziehung befand. Dort musste ich hinein, aber der Park war durch eine hohe Mauer geschützt. Schließlich fand ich einen Eingang. Der hilfsbereite Pförtner ließ mich hinein und drinnen traf ich einen jungen Mann an, den ich ansprach. Ich informierte ihn über mein Problem und er versprach, mir zu helfen. Wir mussten wieder zurück auf die Straße und zu einem anderen Eingang, der vom Militär bewacht wurde. Auf dem Wege dahin stellte er sich vor und sagte, dass er Nepali-Lehrer sei (ich brauchte einen Augenblick, um mir klar zu machen, dass er Sprachlehrer meinte), nebenbei Poesie-Autor (das interpretierte ich als Dichter und Lyriker) und schon fünf Bücher veröffentlicht habe. Ich sagte ihm, da sei er mir vier Bücher voraus, bisher hätte ich nur über Jagd- und Fotoreisen geschrieben, aber vielleicht würde ich es auch einmal zum Lyriker bringen. Obwohl ich lachte, schien er das trotz meiner schon grauhaarigen Erscheinung zu akzeptieren. Auch schien es ihm nicht komisch vorzukommen, dass ein soweit geistig normal erscheinender Mann Flughunde fotografieren wollte. Ich erklärte ihm, warum diese Kolonie von Flughunden viel interessanter und wertvoller sei als diese riesigen Schwärme von Hauskrähen, die sich als schwarze Wolken in und um den Park der königlichen Residenz aufhielten. Ja sagte er, das sei auch das Problem für die Flughunde, denn diese würden langsam aber sicher von den Krähen dezimiert, es würden ständig weniger werden. Ich war innerlich etwas skeptisch, sagte aus Höflichkeit aber nichts sondern nahm mir vor gut aufzupassen, vielleicht könnte ich eine solche Attacke beobachten oder gar dokumentieren.
Damit waren wir beim bewaffneten Wachposten angelangt. Mein

hilfsbereiter Begleiter informierte und überzeugte den Soldaten, mich in den Park zu lassen. Der Wachsoldat führte uns zu der Gruppe von hohen Bäumen, an deren Ästen die Tiere hingen. Während ich die Szene vor mir mit der im Nagarhole in Südindien verglich, und an die mumifizierten Leichen einiger Flughunde dachte, die ich in dicht nebeneinander liegenden elektrischen Leitungen in Sri Lanka hängen sah, erzählte der Wachsoldat von den Tieren. Mein Begleiter verdolmetschte mir das; es sei tatsächlich so, dass die Flughunde immer weniger würden. Ob dies auch andere Gründe habe, wisse er nicht, aber er habe schon oft beobachtet, dass die Krähen die hängenden Flughunde angreifen, auf sie hacken würden. Wenn ein verletztes Tier hinunter fiele, würde es dort auch manchmal getötet. Die Krähen würden davon fressen. Nun glaubte ich das schon eher, denn warum sollte der Mann das erfinden, wenn er

schon aus lauter Langeweile im Laufe der Zeit dutzende Beobachtungen dieser Art machen konnte? Der Wachsoldat ging wieder zurück und ich machte im Beisein meines Begleiters etliche Aufnahmen. Der Nepali-Lehrer und Poesie-Autor verabschiedete sich nun, ich bedankte mich und wünschte ihm viel Glück für sein nächstes Buch, von dem er sagte, dass er gerade daran arbeite. Er wollte dann noch meine Adresse haben und meine Berufsbezeichnung. Ich gab ihm die Adresse und schrieb „Wildlife-Photographer" dazu, weil mir im Moment nichts Griffigeres einfiel.

Ich blieb noch und fotografierte weiter, wobei es mir tatsächlich gelang zu beobachten wie eine Krähe einen eingewickelten Flughund mit Schnabelhieben attackiert hatte, dieser dann seine Flughaut aufklappte und die Krähe ansah, während diese gerade dabei war, auf ein anderes Tier einzuhacken. Ich bin damit der Meinung, dass etwas an dieser Geschichte dran ist, und wenn es auch so wäre, dass die Krähen weniger aus Jagd- und Beutetrieb, sondern mehr in einem Gerangel allgemeiner Art, wie zum Beispiel Kampf um Sitzplätze oder einfach, um sich zu vergnügen, die Flughunde angreifen.

Nun leistete mir der Wachsoldat wieder etwas Gesellschaft, wobei er mir öfters in aller Unschuld die Mündung seiner sechsschüssigen Pump-Gun im Kaliber 12 auf den Bauch hielt. Was mich zwang, unauffällige geschmeidige Bewegungen zu machen, um wieder aus der Schusslinie zu kommen. Dabei wurde es schon etwas dämmrig, einige Flughunde starteten zu ihrer Futtersuche.

Jetzt war es Zeit zu gehen. Ich bedankte und verabschiedete mich von dem Wachposten, der ebenfalls meine Adresse mit Beruf haben wollte.

Für mich war das ein schöner Ausklang in Kathmandu. Wenn Sie, liebe Leserinnen und liebe Leser, in Kathmandu später einmal von einem „German Bat Wild Lifer" hören sollten oder ein solcher in nepalesischer Poesie auftaucht, dann wissen Sie ja, wie die Geschichte zusammenhängt.

Gegen neun Uhr am nächsten Morgen flog ich von Kathmandu ab

in Richtung Delhi. Ich hatte einen Fensterplatz auf der rechten Seite bekommen. Wir flogen jetzt bedeutend höher als die kleine Twin Otter am Vortage, auch war die Luft so früh noch klarer als zur Mittagszeit. Und plötzlich tauchten sie über dem Dunst auf, die unnahbaren weißen Gipfel der höchsten Berge unserer Erde, in einer endlos weiten Kette nördlich unseres Düsenklippers. Was für ein schöner erhabener Anblick! Während des Fluges von Kathmandu nach Zürich via Delhi und Mumbai wurde mir dieser „Tag" verständlicherweise sehr lang. Meine Frau erwartete mich am Flughafen und stellte mit Befriedigung fest, dass diesmal – im Gegensatz zur Rückkehr von unserer ersten Reise - keine Leidensfalten mein zwar müdes aber glückliches Gesicht verunzierten. Weder infolge eines hartnäckigen Durchfalls noch anderer subindischer Einwirkungen

Tiere die ich nicht sah

Andere indische Parks

Liebe Leserinnen und Leser, Sie haben nun, wenn Sie mich bis hierher durch das Buch begleitet haben, viele Tierarten kennen gelernt. Hinsichtlich der Säugetiere sind fast alle typischen Arten, auch endemische Arten, die nur in diesen Regionen vorkommen wie zum Beispiel der Lippenbär und die Nilgai-Antilope, vertreten. Trotzdem fehlen immer noch einige interessante Tiere. Wie lange man auch immer den Subindischen Kontinent bereist, man kann nicht alle Parks besuchen, und selbst wenn man könnte, man hätte nicht immer das Glück, sämtliche vorkommenden Tierarten zu sehen. Schließlich kommen auf dem Subindischen Kontinent ungefähr 500 Säugetierarten und über 1.200 Vogelarten vor. Selbst Reptilien bringen es auf eine Größenordnung von ungefähr 600 Arten, ganz zu schweigen von der Vielfalt der Insekten und Pflanzen. Deshalb möchte ich wenigstens noch einige Säugetiere erwähnen, die ich für besonders bemerkenswert halte. Es ist mir klar, dass ich bei dieser kleinen Nachlese vor allem die Vögel vernachlässige, aber spätestens seit dem Kanha-Kapitel wissen Sie, dass mir die Säugetiere noch näher stehen. Wir haben nun einmal alle leider – oder sollte ich sagen Gott sei Dank? – nur eine Seele in unserer Brust. Außerdem sind weder Sie noch ich bei diesem Buchtitel die Verpflichtung eingegangen, über eine komplette zoologische Gesamtschau zu lesen beziehungsweise zu schreiben.

Lassen Sie mich also noch etwas über den Asiatischen Löwen, den Khur, den Indischen Wolf, den früher in Indien eingesetzten

„Jagdleoparden" und den Nilgiri-Thar plaudern. Spezifische Vertreter aus der Himalaya-Sub-Region, wie Wildyak, Schneeleopard, Serau, Goral usw. lasse ich hierbei – außer ein paar Worten zum Himalaya-Thar - aus Gründen der Selbstbeschränkung weg.

In sehr früher Zeit von Afrika nach Asien eingewanderte Löwen waren auch im subindischen Raum relativ häufig vertreten, aber nur in vergleichsweise offener Savannen- und Buschlandschaft, nicht in den dichter bewaldeten Zonen, die der Tiger bevorzugt. Deshalb kamen sie sich wahrscheinlich auch nie ernsthaft ins Gehege. Im Gegensatz zu dem heimlichen Tiger, der sich gerne bedeckt hält und in der Regel nur einzeln auftritt, ist der Löwe ein geselliges Rudeltier, das viel leichter zu entdecken und zu erlegen ist, da es sich dem menschlichen Jäger zudem auch viel eher stellt als der Tiger. Dies und seine majestätische Erscheinung, wozu auch seine Mähne und seine etwas größere Körperhöhe beitrugen, machten ihn als Jagdbeute bei den Fürsten begehrter als den Tiger. Die Folge war, dass er schon zwischen 1910 bis 1920 kurz vor der Ausrottung stand. Die verbliebenen Löwen hielten sich nur noch im Gir Forest in Gujarat. Den Nawabs von Junagadh gelang es mit List und kluger Abschirmung, sie vor den Verpflichtungen der Repräsentationsjagden zu schützen, dadurch den Bestand wieder etwas aufzubauen und nach der Unabhängigkeit des Landes in den neu gegründeten Gir-Nationalpark einzubringen. Dort leben heute die letzten etwa 300 Asiatischen Löwen gemäß Zählung von 1995. Eine weitere Zählung in 2015 kam auf 523 Tiere, doch ist dieser Zuwachs nicht nur erfreulich, denn durch fehlende genetische Vielfalt und Inzucht ist der Bestand bedroht. Den Maldharis, den in dieser Region lebenden Bauern, schlagen sie ab und zu ein Stück Vieh; doch dieses frisst auch den Beutetieren der Löwen das Futter weg.

Ich kann mich noch genau erinnern, wie ich als kleiner Junge, der

sich schon lebhaft für Löwen und Tiger interessierte, meinen Vater
mit der Frage zu belästigen pflegte, wer denn nun stärker sei, der
Löwe oder der Tiger. Mein alter Herr versuchte sich da immer irgendwie herauszureden, doch wehe, er entschied sich für einen von
beiden. Dann nämlich begann ich erst recht zu bohren und wollte
die detaillierten Gründe hierfür wissen, immer bereit, sie sofort zu
widerlegen. Ich habe eine Tochter, die mich mit dieser Frage bislang zwar verschont hat, würde sie mich aber fragen, dann würde
ich ihr wie folgt antworten, bezogen auf den durchschnittlichen, also sozusagen „statistischen" männlichen Afrikanischen Löwen und
den vergleichbaren statistischen Indischen Tiger: Der Tiger ist stärker, obwohl er eine um 7 Zentimeter niedrigere Schulterhöhe hat als
der Löwe. Jedoch ist er 10 Zentimeter länger und 28 kg schwerer
als der Löwe. Vor allem aber hat er eine stärker entwickelte Schul-
termuskulatur, er hat mehr Kraft in seinen Vorderpranken als der
Löwe. Aber natürlich, so müsste man hinzufügen, kommt es immer
auf das Individuum an, da kann es ziemlich unterschiedlich zuge-
hen.

Ebenfalls im Süden von Gujarat liegt der Kleine Rann von Kutch,
eine flache, in der Regenzeit überschwemmte Salzwüste. Sie gehört
auch noch zu der Region der Maldharis. Dort lebt noch der wüsten-
farbige Khur, eine Unterart des asiatischen Wildesels, der diesen
Wüstenbedingungen perfekt angepasst ist. Nur leider kann der
Wildesel notfalls nicht vom Vieh der Maldharis leben, wie dies der
Löwe tut, sondern muss ihm ausweichen. Der Khur lebt in Herden,
die einige Dutzend Tiere umfassen können und von einem Leit-
hengst geführt werden. Die Wildesel haben ein hervorragendes
Sichtvermögen und sind sehr schnell und zäh – ihr einziges Mittel,
sich ihren Feinden, wie zum Beispiel dem Indischen Wolf, zu entziehen. Der Bestand in diesem Schutzgebiet (Sanctuary) betrugt et-

wa 2.000 Khure aufgrund einer Zählung von 1990. Die Bestandszahlen stiegen laufend an, in 2015 wurde ein Bestand von 4.800
Tieren geschätzt, die Art ist aber noch als gefährdet eingestuft.

Den Indischen Wolf (Canis lupus pallipes), der als Unterart kleiner
ist als seine nordischen Verwandten, kann man heute noch im Kleinen Rann von Kutch sowie vor allem im Velavadar-Nationalpark
(den ich in Zusammenhang mit der Hirschziegenantilope in der
Mitte des Kanha-Kapitels schon erwähnt habe) antreffen. Früher
war er weit verbreitet, doch hat er überall beim Vordringen des
Menschen in seine angestammten Verbreitungsgebiete den Kürzeren gezogen, in den meisten Fällen wurde er ausgerottet. Er ist vom
Aussterben bedroht, denn selbst in Rajasthan und Gujarat, wo er
vorwiegend von Antilopen, Gazellen und Nagern lebt, reißt er Vieh,
wenn er keine andere Nahrung findet. Dies führt oft dazu, dass die
Bauern in diesen Gegenden seine Baue zerstören und seine Jungen
töten, wenn sie ein Geheck finden.
Eine grobe Schätzung des Bestandes in 2013 ergab 2000 bis 3000
Tiere, je nachdem, ob man nur Indien oder sein gesamtes Verbrei-
tungsgebiet betrachtet, denn er kommt auch in Pakistan, Irak, Iran
und arabischen Ländern vor. Neuere gentechnische Untersuchungen
weisen darauf hin, dass er gar keine Unterart des Wolfes (Canis lupus) sein könnte, sondern eine eigene Art darstellt.

Wie schon in der kleinen Episode Ende des Sariska-Kapitels erwähnt, ist der „Jagdleopard" nichts anderes als ein Gepard, der in
Asien früher oft zur Jagd eingesetzt wurde. Einen wilden Geparden
als Nachkomme ehemals von Afrika stammender Tiere, kann man
in Indien schon lange nicht mehr antreffen, denn der letzte wurde
bereits 1952 ausgerottet. Sie wurden vor allem eingefangen, um als
Jagdhelfer trainiert und eingesetzt zu werden. Ich möchte hier gerne

R.S. Dharmakumarsinhji zitieren, der selbst oft mit ihnen gejagt hat (Zitat K5):

„Die Jagd mit dem Geparden oder Jagdleoparden war ein alter Sport bereits in der Zeit Kublai Khans [des Enkels von Dschingis Khan, der im 13. Jahrhundert in Peking residierte und auch von Marco Polo besucht wurde] und kam mit den Moguln und Persischen Eroberern nach Indien. Bis zur Unabhängigkeit [von Indien im Jahre 1947] besaßen auch viele indische Fürsten Geparde, um mit ihnen indische Antilopen und Gazellen zu jagen." [Der Autor beschreibt nun das bejagte Wild, nämlich Hirschziegenantilopen in Gujarat – das Bild eines sehr starken Bockes wurde bereits in Kapitel Kanha vorgestellt.]

„In dem billardtisch-flachen Grasland von Bhavnagar, dem ‚Bhal' zogen tausende von Hirschziegenantilopen in Herden umher, eine Linie, die sich von Horizont zu Horizont erstreckte und die zu passieren man eine Stunde benötigte, einen Strom von Antilopen, eine dicke sich bewegende Linie von rehbrauner, schwarzer und weißer Farbe, eine Kette in Bewegung, die sich in der Luftspiegelung wie ein Geisterzug vergrößerte, ein Anblick, nun nicht mehr vorstellbar. Die Hirschziegenantilopen gibt es nicht mehr in diesen Horden und ihr Lebensraum ist drastisch eingeengt."

[Jetzt stellt der Autor Huzur Pasand vor, einen mittelalten männlichen, aber aus Afrika stammenden Geparden, der zur Jagd auf Hirschziegenantilopen in dieser Gegend abgerichtet wurde. Er schildert die eigentliche Jagd, nachdem er sich mit seinen Helfern und dem Geparden - diesmal in einem Jeep statt des traditionellen Ochsenkarrens - der Herde und dem hinter ihr laufenden dominierenden Bock genähert hat.]

„In diesem Fall war der Bock bereits in voller Flucht als wir ihm mit 90 Stunden-Kilometern nachjagten, und nachdem wir abbremsten, gewann der Bock in großen Sprüngen Abstand. Bevor der Jeep

zum Halt kommen konnte, wurde Huzur Pasand von seiner Kappe
befreit [die er über dem Kopf hatte, um nicht vorzeitig auf das Wild
zu reagieren] und sprang, nachdem er den Bock in voller Flucht
sah, in einem Satz vom Jeep, wobei er einen Helfer mit seiner Hinterpfote zerkratzte. Als er so hinausschoss, hielt er nicht inne und
stand stocksteif wie es sonst seine Art war, sondern jagte mit hoher
Geschwindigkeit hinter der Antilope her, die nun hoch flüchtig war,
seine Augen auf den führenden Antilopenbock geheftet. Als er nun
die unübliche Erschwernis bemerkte, die er da vor sich hatte mit
dem Bock etwa 200 m vor ihm und dessen fliegendem Start, hielt
sich Huzur Pasand zurück, schonte seine Lunge und halbierte den
Abstand zu der Hirschziegenantilope mit gezügeltem Einsatz seiner
Kräfte, um danach in voller Geschwindigkeit bis auf 50 m zu dem
dominierenden Bock aufzuschließen, der sich nun ebenfalls in
Höchstgeschwindigkeit befand. Gebannt erlebten wir diese erstaun-
lichste Zur-Schau-Stellung von Geschwindigkeit, die wir jemals gesehen hatten, als Huzur Pasand seine Super-Schnelligkeit freisetzte,
über die ein Gepard verfügt, wenn er erkennt, dass dies seine letzte
Chance ist seine Beute zu erreichen, bevor er total ausgepumpt ist.
Wir haben öfters einen ähnlichen Spurt seitens einer Hirschziegenantilope miterlebt um zu entkommen, aber in diesem Falle hatte
der Bock nicht diese zusätzliche Energie; Huzur Pasand holte mit
seiner Vorderpfote aus und traf mit unfehlbarer Geschicklichkeit
[einen Hinterlauf des Bockes], danach war alles was wir sahen eine
sich erhebende Staubwolke nachdem der Bock niedergeworfen
wurde. Als wir hinzu fuhren, sahen wir Huzur Pasand dasitzen, den
Hals des Bockes in seinem schraubstockartigen Griff, wobei der
Bock sich vergeblich wendete und schlegelte. Über die Entfernung
von ungefähr 600 Metern sahen wir eines der großartigsten Rennen
auf tischebener Fläche.“

Auf dem Subindischen Kontinent leben zwei Arten des Thar. Die Thare stehen zwischen den Schafen und Ziegen; ihr Gehörn ist ziemlich kurz und nach hinten gebogen, endet spitz, ist aber an der Basis sehr breit und kräftig. Zum einen gibt es den noch relativ zahlreichen Himalaya-Thar in den Ländern Indien, Nepal und Bhutan, zum anderen den inzwischen seltenen und gefährdeten Nilgiri-Thar in Südindien in den Hochlagen der West-Ghats, vor allem in den Nilgiri-Bergen.

Der Himalya-Thar, der sich durch eine lange prächtige Mähne auszeichnet, lebt aber nicht nur im harten Klima der Höhenregionen von etwa 2.500 bis 4.500 m des Himalaya, also über der Baumgrenze, er ist auch in Neuseeland eingebürgert worden. Dort in den Südalpen der Südinsel bin ich ihm selbst schon begegnet.

Den Nilgiri-Thar habe ich leider nie zu Gesicht bekommen; er lebt zwischen den beiden von mir besuchten Parks Nagarhole und Periyar, doch Zeit für einen Abstecher hatte ich nicht. Der Nilgiri-Thar ist etwas größer als sein Vetter im Himalya, hat aber dessen lange Mähne nicht, da er es in seinem viel niedriger gelegenen Lebensraum nicht mit eisigen Schneestürmen, sondern lediglich mit Nebel zu tun hat. Er steigt aber auch bis in die Waldzone hinab, und begegnet dort nicht nur seinen natürlichen Feinden, sondern leider auch dem Menschen; dieser ist es, der ihn auszurotten droht. In 2015 wurde ein Gesamtbestand von circa 3.100 ermittelt.

Wenn man besonderes Interesse daran hat, Löwen, Wildesel und Hirschziegenantilopen zu sehen, sollte man sich Gujarat vornehmen und dort den Gir-Forest, den Kleinen Rann von Kutch und den Velavadar-Nationalpark besuchen. Den Nilgiri-Thar kann man im nördlich von Periyar gelegenen Anamalai Wildlife Sanctuary antreffen und im angrenzendem Eravikulam-Nationalpark.

Ausblick

Die geschilderten beiden Reisen führten mich in neun Tiger Reserves beziehungsweise Nationalparks des Subindischen Kontinents in drei Ländern. Trotz der vielen interessanten Begegnungen mit Wildtieren, den schönen, überraschenden und glücklichen Momenten für einen Natur- und Tierliebhaber, bleibt doch eine beunruhigende Erkenntnis zurück. Hinsichtlich der Chancen dieser Parks und ihrer wilden zu schützenden Bewohner muss man wohl einem gewissen Pessimismus huldigen. Die diesbezüglichen Probleme, denen Indien, Nepal und Sri Lanka gegenüberstehen, sind extrem schwierig. Wir aus dem industriellen Westeuropa dürfen hier nicht kritisieren, haben wir doch schon vor Jahrhunderten viele unserer Großtiere ausgerottet. Im Subindischen Kontinent herrscht seit jeher – bereits vor etwa dreieinhalb Tausend Jahren in den Veden und Upanishaden dokumentiert – eine religiöse Grundeinstellung vor, die Achtung vor der Natur und ihre Bewahrung fordert. Wäre dem nicht so, gäbe es bei der heutigen riesigen Bevölkerung auf dem Subindischen Kontinent mit ihrem dadurch bedingten Landverbrauch nicht mehr die bewundernswerten Reste einer einstmals überwältigend reichen tierreichen Wildnis.

Weiterhin, so darf man schlussfolgern, waren die Fürsten dieser Länder zum Glück seinerzeit Jäger gewesen, die ihre Jagdreviere zu schützen wussten. In Nepal kam noch hinzu, dass die Malaria lange Zeit die Besiedlung des tierreichen Terai verhinderte. Wie bereits geschildert, sind die indischen Parks fast alle einige Jahre nach der

Unabhängigkeit aus ehemaligen Jagdgebieten der Maharadschas entstanden.

Noch um 1900 dürfte die indische Bevölkerung und der Viehbestand nur etwa vierzig Prozent so hoch wie im Jahre 2000 gewesen sein, der Bestand der Tiger - um einmal diese Zahl stellvertretend für die Wildtiere generell zu nennen - soll damals etwa 40.000 in Indien (ca. 100.000 weltweit) betragen haben. Als man 1972, zwei Jahre nach Jagdverbot, eine Schätzung der Tigerbestände durchführte und auf einen Bestand in Indien von nur noch cirka 1.800 Tigern kam, erkannte man den Ernst der Lage. Der World Wildlife Fund (WWF) und die International Union for Conservation of Nature und Natural Resources (IUCN) boten finanzielle Unterstützung zur Rettung der Tiger an. Indira Ghandi griff dieses Angebot sofort auf und begründete das "Project Tiger". Es wurden im Jahre 1973 Tiger Reserves und andere geschützte Parks dort eingerichtet, wo noch überlebensfähige, wenn auch zum Teil nur noch kleinere, Populationen von Tigern und anderen schützenswerten Wildtieren vorhanden waren. Dies waren in erster Linie die bereits erwähnten ehemaligen Jagdgebiete der Maharadschas.

Zunächst erbrachten die Maßnahmen, die im Rahmen dieses Projektes durchgeführt wurden, eine Verbesserung der Lebensbedingungen der Wildtiere. Auch der Tigerbestand konnte wieder angehoben werden. Doch in den 1990er Jahren zeichnete sich immer stärker ab, dass durch den Druck der angrenzenden und schnell wachsenden Landbevölkerung mit entsprechendem Landverbrauch, durch widerrechtliche Parknutzung, durch Naturvernichtung infolge Industrialisierung, durch starke Wilderei, durch Absinken des Naturschutzes auf der politischen Prioritätenskala usw. wieder eine nachhaltige Verschlechterung eingetreten war.

Zum Stande von 1999 gab es über 80 Nationalparks und Sanctuaries (Schutzgebiete), von denen 25 als Tiger-Reservate mit einer Fläche von insgesamt 33.875 Quadratkilometer deklariert waren. Ende 2015 waren in Indien bereits 48 Tiger-Reservate dem Project Tiger angeschlossen mit entsprechend größeren Reservatsflächen, doch die eigentlichen Habitat-Flächen schrumpften.

Offiziell wurde zwar, basierend auf der Erhebung von 1993, der indische Tigerbestand mit 3.750 angegeben, doch war diese Zahl mit Sicherheit überhöht. Es ist ein offenes Geheimnis, dass die Parks ihre Bestandszahlen eher zu hoch ermitteln. Man will auf keinen Fall zahlende Besucher verlieren. Am besten orientiert man sich daher an den aktuellsten Zahlen des WWF. Zum Stand von 2010 wurde dort mit weltweit nur noch circa 3.200 Tigern gerechnet, davon circa 1.850 Bengaltigern (Königstiger, Indische Tiger), die in Indien, Nepal, Bangladesch (dort nur in den Sundarbans) und Myanmar (dem früheren Burma) leben. In Indien selbst (inkl. des indischen Teils der Sundarbans) sollten es laut indischem Umweltminister angeblich 1.706 Tiger sein. In Indien tendieren politische Stellen auch heute noch aus Gründen der Selbstdarstellung eher zu hohen Zahlen. Zur Illustration hierzu sei ein kleines Beispiel von Billy Arjan Singh, dem bekannten Tigerschützer, Autor und Vorkämpfer für die Einbeziehung von Dudwa in das Naturschutzprogramm, aus der Vergangenheit angeführt. Es zeigt das damals vorhandene Missverhältnis zwischen der Darstellung der Forstverwaltung zur Wirklichkeit auf, wobei Singh allerdings nicht das genaue Jahr seiner Feststellungen mitteilt (Zitat A2):

"Der Chief Wildlife Warden [von Uttar Pradesh] erklärte, dass es 104 Tiger im Dudwa Nationalpark gab, obwohl wahrscheinlich nicht mehr als 20 existierten. Die Parkverwaltung erlaubte den Bau

eines Dammes am Grenzfluss des Parks, der einen Großteil des Bestandes der Sumpfhirsche dem Tode durch Ertrinken preisgab, ihren
Lebensraum unter Wasser setzte und verschlechterte, und dadurch
kaum genügend Beutetiere übrig ließ um diese Zahl von Tigern zu
ernähren, auf die das Wildlife-Department Anspruch erhob."

Unabhängige indische Beobachter, die sich schon seit Jahrzehnten
mit dieser Materie beschäftigen und aktiv im Natur- und Wildtier-
schutz in Indien integriert sind, schätzten den indischen Tigerbestand 1999 auf höchstens 2.500. Zu diesem Zeitpunkt umfasste die
indische Bevölkerung bereits über eine Milliarde. Der Viehbestand,
der zu fast elf Prozent in Tiger-Lebensräumen grast, betrug 1993
bereits 800 Millionen, wie K. Sankhala, der Leiter des Project Tiger
in seinem Buch "Return of the Tiger" ausführt.

Leider ist es so, dass zusätzlich zur natürlichen Sterberate ungefähr
täglich ein Tiger auf dem Subindischen Kontinent verloren geht, in
erster Linie durch Wilderei, aber auch durch Vergiften oder als
Verkehrsopfer. Wenn das getötete Tier eine führende Tigerin ist,
verhungern die verwaisten unselbständigen Jungen. Ist das getötete
Tier ein territorialer Tiger, wird sein Territorium umgehend von einem anderen Tiger eingenommen. Dieser tendiert dazu - ebenso
wie es von Löwen bekannt ist - den jungen Nachwuchs, der nicht
von ihm stammt, zu töten, damit er sich bald mit den in seinem
neuen Territorium lebenden Tigerinnen paaren kann.

Das widerrechtlich in den Park zum Grasen getriebene Vieh wird
manchmal von Tiger oder Panther geschlagen. Manche Bauern, die
alle über Pflanzenschutzmittel verfügen, vergiften dann den Kadaver, um weitere Viehverluste auszuschließen. Nicht nur der Viehtö-
ter, sondern auch andere hinzukommende Raubkatzen und Aasfres-
ser, auch Geier, können dabei den Tod finden.

Wenn man von diesen Verlusten ausgeht, dann sieht es düster aus mit der Zukunft der Tiger. Die natürliche Reproduktionsrate kann diese Verluste nicht wettmachen, zumal Lebensraum und Nahrungsgrundlage langsam aber ständig eingeengt werden. Wenn keine gegenteilige Entwicklung in Gang gesetzt werden kann, muss man befürchten, dass wild lebende Tiger in Indien langfristig weniger werden. Eine sorgfältig durchgeführte Bestandsermittlung in 2014 ergab für Indien 2.226 Tiger.

Die Situation im Chitwan in Nepal ist ähnlich, in der Vergangenheit vielleicht ein wenig besser (Militärschutz), in Zukunft ungewiss wegen anstehender politischer Umwälzungen, aber der Druck durch Bewohner der umliegenden Siedlungen und ihr Vieh besteht allemal. Die letzte Erhebung von 2013 ergab für ganz Nepal (nicht nur für den Chitwan) einen Bestand von ungefähr 200 Tigern.

Der Druck der um die Parks lebenden Landbevölkerung existiert auch im Yala von Sri Lanka. Wenn dort auch die beiden Wildarten Tiger und Panzernashorn nicht vertreten sind, ist doch der teilweise noch reine Bestand der ceylonesischen wilden Wasserbüffel, der Arni, durch eindringende Hausbüffel gefährdet.

Dies alles sind wichtige Hintergründe der angetroffenen Situation. Die Chinesen sind die hauptsächlichen Drahtzieher bezüglich der Tiger-Wilderei. Sie betreiben den illegalen Import von Tigerteilen zum Wohle ihrer traditionellen Apotheke, aus der heraus sie für eine ganze Reihe von Krankheiten und als Potenz- und Stärkungsmittel Tiger-Präparate anbieten. Infolge der „Knappheit" von Tigern für diesen schwarzen Markt wurden zunehmend auch Leoparden gewildert und als Tiger-Ersatz verwendet, wie folgender Zeitungsartikel vom 27.2.2000 dokumentiert (Zitat J1):
„Der Daily Excelsior aus Jammu berichtete neulich, wie es freiwil-

ligen Mitarbeitern des WWF Jammu gelang, einen kleinen Leoparden aus der Gewalt eines internationalen Schmuggler-Rings zu befreien. Allerdings entkamen die Verbrecher mit zwei anderen Leopardenjungen. Ihre Mutter wurde ihres Fells, ihrer Knochen, ihres Fetts und ihrer Krallen wegen getötet. Einige Wochen vorher wurden 18.000 Leopardenkrallen in der Nähe von Allahabad sichergestellt. Ein Leopard hat 18 Krallen, 10 an den vorderen und 8 an den hinteren Läufen. Dieser Zugriff repräsentiert also 1.000 tote Leoparden. In der Tat, die schwindenden Tigerbestände haben die Schmuggler veranlasst, nun den Leoparden ins Fadenkreuz zu nehmen, um den Bedarf an Tiger-Körperteilen für die chinesische und japanische Medizin zu decken. Ungefähr 50 indische Forstangestellte verlieren jedes Jahr ihr Leben, wenn sie die großen Katzen oder sich selbst gegen Wilderer verteidigen. Ein Team der CITES (Convention on International Trade in Endangered Species), das neulich Indien besuchte, war von ihrem Einsatz beeindruckt, empfahl aber die Verwendung moderner Methoden der Überwachung und die Errichtung eines leistungsfähigen nachrichtendienstlichen Netzwerks, um die schwindenden Bestände der großen Katzen zu kontrollieren."

All diese Dinge stellen aber nur eine Seite des Problems dar, eine andere ist die Frage, ob es gelingt, den Bedarf der traditionellen asiatischen Verbraucherländer an Großkatzen, Bären, Elfenbein und Horn des Rhinozeros auf Ersatzprodukte umzulenken, damit kein Anreiz mehr zur Wilderei besteht. Solange es aber so genannte Tiger-Zuchtfarmen in China gibt bei denen der begründete Verdacht besteht, nichts anderes zu sein als Schlachtstationen zur Belieferung des Pharma-Marktes, erscheint dies nur schwer durchsetzbar.
Was können die interessierten Tierfreunde der westlichen Welt zur Verbesserung dieser Situation beitragen?

Man kann die internationalen Artenschutz-Bestimmungen und ihre tatsächliche Durchsetzung unterstützen. Man kann sich an geeigneten Aktionen der Naturschutz-Institutionen beteiligen oder hierzu finanziell beitragen wenn sichergestellt ist, dass die Mittel ihrem Zweck tatsächlich zugeführt werden und nicht in den Kanälen der Korruption versickern. Auch eine private Initiative ist 1997 von Nigel, Geoff und Cherrie Whittle begründet worden: der LiveForce Charitable Trust, der die Satpura Tiger Reserve in Madhya Pradesh unterstützt. Ich meine aber, dass entscheidend sein wird, ob es den verantwortlichen Politikern gelingt, sich den korrupten gegenüber durchzusetzen. Vieles muss bewerkstelligt werden: die Umsiedlung von Bauerndörfern innerhalb oder am Rande der Parks mit Existenzsicherung dieser Menschen, der Kampf gegen die Wilderei und die Holz-Mafia, und nicht zuletzt der Widerstand gegen die industrielle Erschließung von Parkgelände.

Ich empfehle allen Leserinnen und Lesern, die Geld und Zeit hierfür aufbringen können, ein Schutzgebiet, einen Nationalpark oder Tiger Reserve – die Heimat der dort überlebenden Wildtiere – in Indien und angrenzenden Ländern zu besuchen, und dadurch auch zu deren Existenz beizutragen. Wem dies vergönnt ist, der möchte die Tiere natürlich auch fotografieren. Doch sollte man hierbei fair bleiben, die Parkregeln einhalten, die Tiere nicht stören oder bedrängen. Es sollte nicht so weit kommen wie in folgendem Beispiel, das ich zur Erläuterung zitieren möchte (Zitat H1):
„Am nächsten Morgen unternahm ich einen gemeinsamen Elefantenritt mit einem Herrn von Bombay, der jahrelange Erfahrungen im Durchwandern der indischen Dschungel hatte und sich als erfahrenen Wildfotografen bezeichnete. Nachdem wir etwa zwei Kilometer dem Ramganga [ein großer Fluss im nordindischen Corbett-Nationalpark] gefolgt waren, stießen wir auf die Trittsiegel zweier

Tiger – einem männlichen und eines weiblichen. Wir folgten den Spuren, die uns in eine Strauch- und Buschzone führten mit spärlichem Bewuchs von Shisham- und Lasoda-Bäumen. Beim Eindringen in die Büsche verloren wir die Spur. Wir begannen daher diese Zone zu durchkämmen, um die Tiger zu finden.

Nach sorgfältiger Suche entdeckte ich die Tigerin, wie sie gemütlich in einer kleinen offenen sandigen Fläche saß, ein bisschen innerhalb des nördlichen Waldecks. Ein Teich mit klarem Wasser befand sich dicht an dem Eck. Als wir begannen uns zu nähern, fauchte die Tigerin, um ihren Unwillen auszudrücken. Als wir näher kamen und noch etwa fünf Meter von ihr entfernt waren, knurrte sie laut und griff an. Wir schrien sie an ‚geh weg... geh weg...'. Zur gleichen Zeit ging die Elefantenkuh, wenn auch zögernd, auf Kommando des Mahaut zum Gegenangriff über, indem sie wild trompetete und mit ihrem Rüssel auf die Büsche einschlug. Auf diese aggressive Haltung der Elefantenkuh hin zog sich die Tigerin unter die Lantana-Büsche zurück, dort Sicherheit suchend. Wir warteten einige Zeit, dass die Tigerin wieder aus den Büschen hervorkäme, um einige Fotos von ihr zu machen. Sie war jedoch nicht in einer Stimmung, dies zu tun. Von Moment zu Moment nahm das Tageslicht ab. Sie musste hinaus getrieben werden bevor es zu spät war. Ich veranlasste den Mahaut, der Elefantenkuh den Befehl zu geben, einen toten Baumstumpf umzustoßen, der neben den Büschen stand, in denen die Tigerin Zuflucht gesucht hatte. Die Elefantenkuh führte dies aus. Als der Baumstumpf in die Büsche fiel, sprang die Tigerin in blanker Wut heraus und raste unter Knurren auf die Elefantenkuh zu bis auf Armlänge. Auf Befehl des Mahauts hielt die Elefantenkuh ihre Position und versuchte in aggressiver Haltung ihre Widersacherin auf Abstand zu halten.

Als wir auf die Tigerin einschrien, waren wir geschockt und starr vor Schreck als wir einen großen männlichen Tiger zu unserer

Rechten gewahrten, der wütend knurrte und sich näherte. Die arme Elefantenkuh, verwirrt und verängstigt, verlor die Nerven und floh, um aus der gefährlichen Situation zu entkommen, etwas was sie wahrscheinlich noch nie erlebt hatte. Der Mahout, ein erfahrener Mann, drosch unablässig auf die Elefantenkuh ein, ihr mit dem Ankus harte Schläge versetzend, in dem verzweifelten Versuch, sie zu einer Angriffshaltung zu zwingen, um die wütenden Tiger davon abzuhalten, den beabsichtigten Sprung auf uns durchzuführen. Einige Augenblicke später ließ die Tigerin von uns ab und zog sich zurück. Der Tiger jedoch knurrte weiterhin wütend und zeigte seine Fangzähne, die er wohl gerne in unserem Genick vergraben hätte. Es sah aus, als ob er uns warnen wollte. ‚Ihr Lumpen, ihr wagt es meine Lady in meiner Abwesenheit zu belästigen, und das auch noch in meinem Zuhause. Ich werde euch nicht ungestraft ziehen lassen‘. Wir entschuldigten uns und sicherten ihm zu, uns in Zukunft einwandfrei zu benehmen, speziell gegenüber den Ladys. Daraufhin ließ er, der Held des Tages, Gnade vor Recht ergehen und zog, mit gerechtem Zorn im Gesicht, unverzüglich zu seiner wartenden Lady und nahm sie mit sich. Als dies alles vorbei war und wir uns wieder beruhigten, fragte ich meinen Freund bescheiden ‚hast du Fotos der angreifenden Tiger gemacht? ‘Er antwortete ‚hast du‘? Wir schauten einander mit leeren Gesichtern an. Der Mahaut brach das Schweigen mit zutreffenden Worten: ‚Sie sprechen von Fotos, danken Sie Gott dass wir heil davon gekommen sind‘. Wir nickten beide zustimmend. Da unsere Begeisterung uns verlassen hatte, entschlossen wir uns, zum Rasthaus zurückzukehren.“

Ich habe dieses Zitat aus dem Buch des indischen Autors und Tierfotografen gebracht, weil ich mir gewünscht hätte, dass sich dieser Mann – sowohl in dem geschilderten, wie auch in anderen Fällen – ethisch verhalten hätte. So hat er nur gezeigt, dass er keinerlei

Skrupel hatte, zu spektakulären Bildern und haarsträubenden Geschichten zu kommen. Er hat Tiere belästigt und bedrängt sowie sich und andere Leute gefährdet, einige Male sogar seine eigenen Kinder. Man könnte die Meinung vertreten, dass es seine Sache sei, wenn er in einer solchen Situation durch einen Tiger oder Elefanten zu Schaden kommt oder gar getötet wird, aber dies hätte sehr unerwünschte Folgen: Man würde dann fordern, dass der „Menschenfresser" oder „bösartige Elefantenbulle" zur Sicherheit der Parkbesucher getötet wird, obwohl das Tier nichts anderes getan hat, als sich einem lästigen Eindringling gegenüber zur Wehr zu setzen. Ich denke, dass man seine Chancen, Wildtiere zu sehen oder ein gutes Bild zu machen, wahrnehmen sollte, aber man muss dabei fair bleiben, die Parkregeln einhalten und die Tiere respektieren.

Falls Sie sich zu einer Reise in einen dieser oder anderer Parks im Subindischen Kontinent entschließen können, tun Sie es, je früher, desto besser, denn es ist leider so, dass die Überlebensbedingungen für „Tiger & Co." langfristig nicht besser werden. Sind sie dort, wünsche ich Ihnen interessante Anblicke von und Begegnungen mit Wildtieren.

Verzeichnis der erwähnten Tiere und Bäume
(*Hindi oder Sprache der betr. Region)

Säugetiere

Deutsch	Englisch	Indisch*
Arni (Wilder Wasserbüffel)	Wild Water Buffalo	Arna, Jangli Bhainsa
Asiatischer Löwe	Lion	Sher
Axishirsch	Spotted Deer	Chital
Fischkatze	Fishing Cat	Machhari Billi
Fleckenkantschil	Indian Chevrotain, Spotted Mouse Deer	Pisura
Ganges-Delphin	Gangetic Dolphin	Susu
Gaur	Indian Bison	Gaur
Goldschakal	Golden Jackal	Gidhar, Kola
Graues Riesenhörnchen	Grizzled Giant Squirrel	Gilhari, Anil
Halsstreifenmanguste	Stripenecked Mong.	Nevla, Mangus, Newal
Hirschziegenantilope	Blackbuck	Harna, Kala Hiran
Hulman (Hanuman-Langur)	Common Langur	Hanuman, Langur
Hutaffe	Bonnet Macaque	Bandar
Indische Gazelle	Indian Gazelle	Chinkara
Indischer Elefant	Indian Elephant	Hathi
Indischer Mungo	Common Mongoose	Nevla, Mangus, Newal
Indischer Riesenflughund	Indian Flying Fox	Gadal, Chamgadar
Indischer Wildesel	Indian Wild Ass	Khur, Ghor Khar
Indischer Wolf	Indian Wolf	Bhedia, Bheriya
Königsriesenhörnchen	Indian Giant Squirrel	Karrat
Lippenbär	Sloth Bear	Bhalu
Muntjak (Bellhirsch)	Barking Deer	Muntjak, Kakar

Nilgai-Antilope	Blue Bull	Nilgai, Nil
Nilgiri-Langur	Nilgiri Langur	Manthi
Nilgiri-Thar	Nilgiri Thar	Varai ádoo
Panther (Leopard)	Panther	Baghera, Tendwa, Chita
Panzernashorn	Great Onehorned Rhino	Gainda
Rhesusaffe	Rhesus Macaque	Bandar
Rohrkatze	Jungle Cat	Jangli Billi
Rothund	Wild Dog, Dhole	Dhole, Jangli Kutta
Sambar	Sambar	Sambhar
Schwarznackenhase	Black-naped Hare	Khargosh
Schweinshirsch	Hog Deer	Para
Sindhase	Desert Hare	Khargosh
Streifenhyäne	Striped Hyena	Hundar, Jarakh, Teras
Sumpfhirsch (Zackenhirsch)	Swamp Deer	Barasingha, Gond
Tiger	Tiger	Bagh
Vierhornantilope	Four-horned Antelope	Chausingha
Wildschwein (Kammschwein)	Wild Boar	Jangli Suar

Vögel

Habichtsadler	Bonelli´s Eagle	Garud
Bandseeadler	Palla´s Fish Eagle	Muchmanga
Einfarb-Haubenadler	Crested Hawk Eagle	Shah Baaz
Raubadler/Steppenadler	Tawny Eagle/Steppe Eagle	Okaab
Indischer Uhu	Indian Eagle Owl	Bara Ullu
Brauner Fischuhu	Brown Fish Owl	Amrai Ka Ghughu
Halsring-Zwergohreule	Collared Scops Owl	Tharkari
Brahmanen-Kauz	Spotted Owlet	Chugad

Bengalgeier	White-backed Vulture	Safed Pith Ka Gidh
Indischer Geier	Long-billed Vulture	Lambi Chonch Ka Gidh
Ind. Schlangenhabicht	Crested Serpent Eagle	Furj Baj
Schwarzflügel-Gleitaar	Black-winged Kite	Kapasi
Brahminenweih	Brahminy Kite	Dhobia Cheel
Sunda-Marabu (Kleiner Adjutant)	Lesser Adjutant Stork	Chhota Garur
Ind. Wollhalsstorch	White-necked Stork	Lag lag
Riesenstorch (Indien-Großstorch)	Black-necked Stork	Lohsarang
Indien-Nimmersatt	Painted Stork	Janghil
Indien-Klaffschnabel	Open-billed Stork	Ghonghila
Schwarzstorch	Black Stork	Surmal
Paddy-Reiher	Paddy Bird	Khuch Bagla
Weißer Sichler	White Ibis	Safed Buzza
Pfau	Peafowl	Mor
Bankivahuhn	Red Junglefowl	Jangli Murga
Dickschnabelkrähe	Jungle Crow	Jangli Kowa
Glanz- oder Hauskrähe	House Crow	Kowa
Indische Wanderelster	Indian Tree Pie	Mahalat
Ind. Paradiesschnäpper	Paradise Flycatcher	Swarg Pakshi
Trauerdrongo	Black Drongo	Kotwal
Wechselkuckuck	Brainfever Bird, Common Hawk Cuckoo	Papiha
Eisvogel (versch. Arten)	Kingfisher (diff. species)	Kilkila
Wiedehopf	Hoopoe	Hud Hud
Smaragdspint	Little Green Bee-Eater	Patringa
Kleiner Alexandersittich	Rose-ringed Parakeet	Tota

Reptilien

Sumpfkrokodil	Marsh Crocodile	Mugger
Leistenkrokodil	Salt-water Crocodile, Estuarine Crocodile	Muggermuchh
Ganges-Gavial	Gharial	Gharial
Bindenwaran	Water Monitor	Chhipkali
Bengalenwaran	Indian Monitor	Patagoh
Ganges-Weichschildkröte	Ganges Soft-shelled Turtle	Kachhua
Sternschildkröte	Star Tortoise	Pahadi Kachhua
Tigerpython	Indian Python	Ajgar
Kobra (versch. Arten)	Cobra (diff. species)	Naag

Bäume

Banyan	Banyan	Bar
Jamun	Jamun	Jamun
Kapok	Silk Cotton Tree, Kapok	Reshmi Rui
Lackbaum, Palash, Palasabaum	Flame of the Forest	Tesu
Palu	Palu	Palu
Pepul	Peepul, Pipal	Pipal
Sal	Sal	Sal
Vira	Weera	Weera

Literaturangaben mit Zitaten

Jahresangaben beziehen sich auf die vorliegende Auflage. Die Zitate wurden ins Deutsche übersetzt. Hierbei sind Erläuterungen des Autors in [eckige] Klammern gesetzt.

A   Arjan Singh´s Tiger Book, Roli Books, Delhi 1997

Zitat A1   S. 11 „The origin of the tiger... with human kind."

Zitat A2   S. 24 „The Chief Wildlife Warden ... had claimed."

B   B.A. Singh, Tiger Haven, Oxford University Press, Delhi 1998

Zitat B1   S. 89 „Tigresses were ... she was shot."

Zitat B2   SS. 107, 108 „On another occasion ... in a showdown."

Zitat B3   S. 110 „Many attacks ... are purely fortuitous."

C   B. Seshadri, Call of the Wild, Sterling, New Delhi 1994

Zitat C1   S. 39 „... a tiger having killed ... the winner."Zitat

Zitat C2   SS. 79, 80 „S.P. Shahi ... power of a tiger´s blow."

Zitat C3   S. 178 „Further fame came ... of the tiger world."

D   Valmik Thapar, The Secret Life of Tigers, Oxford University Press, Delhi 1999

Zitat D1   S. 23,24 „At four in ... of a tiger's life"

Zitat D2   S. 70,71 „The male tiger ... after eating his fill."

Zitat D3   SS. 72,73 „At about five ... exhausting activity."

E   E. P. Gee, The Wild Life of India, HarperCollins, New Delhi 1992

Zitat E1   S. 57 „A tigress killed ... to their dinner."

Zitat E2   SS. 144, 145 „On the very rare ... of the Indian rhino."

Zitat E3   S. 146 „This episode ... length of its stride."

Zitat E4   S. 146 „In size the ... insignificant indeed."
Zitat E5   S. 152 „A famous riding elephant ... in a short time."

F   K.K. Gurung, Heart of the Jungle, André Deutsch Ltd.,
London 1983
Zitat F1   S. 47 „The largest tiger ... 11 feet in length."
Zitat F2   S. 52 „If any of these ... than to kill them."
Zitat F3   S. 146 „Two other large ... for their extinction."

G   F.W. Champion, The Jungle in Sunlight and Shadow,
Natraj Publishers, Dehra Dun, 1934/reprinted 1996
Zitat G1   SS. 117,118 „Tigers can be ... failed to work."
Zitat G2   SS. 120,122 „...the following story ... in this way."
Zitat G3   S. 180 "... the sense of smell ... their extermination.'"

H   B. Singh, Wild Encounters, Pelican Creations, Noida 1999
Zitat H1   SS. 49,50 "Next morning ... to the Rest House."

J   THE HINDUSTAN TIMES, New Delhi, Sunday, February
27, 2000
Zitat J1   S. 14 "Poachers now target leopards"

K   R.S. Dharmakumarsinhji, Reminiscences of Indian Wild-
life, Oxford University Press, end of 1970s/reprinted 1998
Zitat K1   S. 80 "A wild boar tusker ... turned at bay."
Zitat K2   S. 20 "I remember on ... into the blue sky."
Zitat K3   SS. 13,14 "I once had ... was most startling."
Zitat K4   S. 83 "Nilgai means ... in the old males."
Zitat K5   SS. 53, 56, 58, 60 "Hunting with the cheetah..."

Weitere Publikationen des Autors:

Mit Büchse und Kamera durch die Welt

Erlebnisberichte von Jagd und Tierfotografie aus fünf Kontinenten
(farbig bebildert), 190 Seiten, 2000
Verlag Neumann-Neudamm
ISBN 3-7842-0593-3

Für den Autor bedeutet Jagen vor allem der Versuch, ein Wildtier
zu überlisten, das über bessere Sinne verfügt als der Jäger. Nicht
unbedingt, um „Strecke zu machen", sondern auch um es zu beobachten oder zu fotografieren.

Ein gutes Foto zu erzielen ist in den meisten Fällen schwieriger als
das Tier totzuschießen, da man mit der Kamera eine kürzere Entfernung benötigt und bessere Lichtverhältnisse.

In 30 Jahren Pirsch mit Büchse und Kamera ging es durch viele interessante Jagdgebiete, Nationalparks und Naturschutzgebiete in
fünf Kontinenten: Ob bei der Bergjagd in Britisch-Kolumbien, den
Nord-West-Territorien Kanadas, in der Mongolei, ob bei Safari im
Simbabwe, im Zululand und Namibia, oder aber bei Reisen in andere faszinierende Regionen wie Westsibirien, Tansania mit Kilimandscharo, Neuseeland und Argentinien – überall gab es einzig-
artige Begegnungen mit Tieren, Landschaften und Menschen.

Löwenmädchen

Roman, 172 Seiten, 2012
www.epubli.de, Berlin
ISBN 978-3-8442-4124-2

In dieser Liebes- und Rivalitätsgeschichte trifft der Jungmanager Wilhelm im Afrikaurlaub Linda, eine ihn faszinierende junge Juristin. Er verliebt sich in sie, doch ein weiteres Treffen in Deutschland mit ihr kann er nicht wahrnehmen, da er im Malaria-Delirium liegt. Kaum genesen, muss er nach England fliegen, um eine wichtige Betriebsprüfung durchzuführen.

Inzwischen verlobt sich Linda mit Wildbergh, ihrem sehr viel älteren Freund und Vorgesetzten, Chef eines großen Unternehmens.

In Edinburgh sieht Wilhelm das Gemälde „Una and the Lion" von William Bell Scott in der Schottischen Nationalgalerie: Una sieht Linda verblüffend ähnlich; Unalinda ergreift derart mächtig Wilhelms Innenleben, dass Unkonzentriertheit und Leistungsabfall seine berufliche Existenz bedrohen.

Nach Rückkehr gelingt es Wilhelm endlich, Linda wieder zu treffen; nach seinen desparaten Versuchen und Listen verschiebt Linda ihre Hochzeit.

Und nun greift sie selbst mit List und phantasievollem Handeln ein, um die archaische Denkweise der beiden Männer zu überwinden und sich Klarheit über die eigenen Gefühle zu verschaffen.

Neben der Handlung und der modernen Interpretation des alten klassischen Gemäldes kann dieser Roman auch gelesen werden als eine Liebeserklärung an das südliche Afrika.

Max' Wandlungen

Roman, 280 Seiten, 2014

www.epubli.de, Berlin

ISBN 978-3-8442-8414-0

„Max' Wandlungen" erzählt das Leben von Max – einem Menschen voller Leidenschaft und Wissensdrang, der auch gerne Gedichte schreibt. Sein Leben wird geprägt von den Menschen, die er trifft, die er liebt, die er verliert und die er wieder findet.

Seine Stuttgarter Jugendfreundin Elke, die seine Tierliebe teilt, verlässt er seiner Karriere in Köln wegen. Zu seinem engen Freund, dem Inder Chamal, verliert er den Kontakt durch seine Nachlässigkeit.
Das zufällige Zusammentreffen mit dem Schriftsteller Joseph Breitbach veranlasst ihn, seine Kölner Spassgesellschaft aufzugeben und zu studieren.
Einschneidende Todesfälle in seiner Familie, seine Erfahrungen in den USA, sein Kampf um die Rückgewinnung Elkes, der Verlust ihres Sohnes und seine Reisen ändern ihn als Menschen und führen ihn zu einer anderen Weltsicht.
Und dann kommt Max in Indien durch seltsame Umstände wieder mit dem totgeglaubten Chamal in Kontakt.

Eine tiefe Geschichte um Liebe, Hoffnung und Erfüllung, die in Deutschland, den USA und Indien spielt.

Ein unbeugsamer Erzähler
Das abenteuerliche Leben des Alfred Edmund Brehm
Biographischer Roman, 200 Seiten, 2015
www.epubli.de, Berlin
ISBN 978-3-7375-4863-2

Sein erster Ehrenname war „Chalil Effendi", sein zweiter „Der Pharao" und sein endgültiger war „Tiervater Brehm", verliehen durch seine Leser.

Brehm führte nicht nur ein abenteuerliches Leben, er erlebte auch Umbrüche in dem überkommenen Weltbild:
Die Zoologie stufte den Menschen unter den Primaten ein, Darwin begründete die Evolutionstheorie, Druckmedien erreichten sehr viel mehr Leser als früher. Adelsstrukturen, Aussagen der Kirche und das Obrigkeitsdenken wurden durch die Revolution von 1848 in Frage gestellt.
Der Zoologe Brehm lebte und agierte inmitten dieser Spannungsfelder, gestaltete sie mit und trat kämpferisch für seine Überzeugungen ein.

Als Achtzehnjähriger befand er sich bereits auf einer Expedition im Nordsudan, jagte zwei Jahre lang Vögel in Spanien, baute später das Aquarium in Berlin, erkundete die Tierwelt Norwegens und nahm an einer Expedition durch Kasachstan, ins angrenzende China und nördliche Sibirien teil.
Elf Jahre lang arbeitete er bis zu seinem Tode ornithologisch mit dem Kronprinzen Rudolf von Habsburg zusammen und begleitete ihn auf Reisen.
Vor allem aber erzählte er in „Brehms Tierleben" über Tiere in aller Welt so populärwissenschaftlich umfassend, lebendig und spannend, wie vor ihm keiner und nach ihm niemand mehr.
Dieser biographische Roman erzählt fesselnd von dem faszinierenden Leben dieses streitbaren Zoologen.

Alles kam anders
Kurzgeschichten, 260 Seiten, 2016
www.epubli.de, Berlin
ISBN ....

Diese Kurzgeschichten erzählen vom Leben, von seiner Vielfalt
und Wechselhaftigkeit, von seinen mitunter harten Prüfungen und
manchmal überraschend entspannten, glückhaften oder komischen
Momenten.

Sie handeln unter anderem davon, wie ein bekannter Autor auf sein
Leben zurückblickt, wie sich junge Menschen entscheiden, wenn
ihre Liebesbeziehung in Frage gestellt wird, und wie zwei Frauen,
die ihre Männer plötzlich verloren haben, versuchen wieder ins Leben zu finden.
Oder wie ein alter Herr, der auf seine Begegnungen mit seiner ehemaligen Freundin zurückblickt, verblüfft zur Kenntnis nehmen
muss, dass ihm etwas Wesentliches völlig entglitten ist.

Was auch immer passiert in diesen Geschichten, die Protagonistin-
nen und Protagonisten werden stets mit Zuneigung und warmem
Herzen beschrieben.

ISBN 978-3-7418-5850-5

9 783741 858505

www.epubli.de